トップランナーへの挑戦

—トップ参加の「身の丈ISO」—

河邑啓太　著

目　次

はじめに

【本文中に挿入したコラムの一覧】

【巻末に添付した参考資料の一覧】

はじめに

ISO のマネジメントシステム規格（ISO14001 および ISO9001）は、経営のエッセンスを極めてシンプルにひも解いた経営指南書である。とりわけ、中堅・中小企業の経営者にとっては、現存する最高の指南書ではないかと思う。

　未曾有の不況下での売上と利益の大幅な減少。またグローバル化に伴う世界的な経営環境の変化の波に乗るブラジル、インド、中国など BRICS 諸国の台頭を受けて、経営の舵取りに悪戦苦闘する日本の製造業。このようなわが国の中堅・中小企業にとって ISO は、苦境からの脱出と生き残りのために不可欠な変革を進めるための強力な支援ツールになると確信する。

経営者層には多分にＩＳＯに対する抵抗感があるように見受けられる。その最大の理由は、「手続きばかりが増えて厄介である」また「書類作りの余分な負担に従業員からの反発も出そうだ」の言葉に代表されるように思う。先行してＩＳＯを取得した企業の経営者から聞く話から受ける印象も良くなかったのかも知れない。

ＩＳＯに対するこのような抵抗感や不満を一気に払拭する方法をお教えしよう。それは、「**自社の身の丈に合う軽快なＩＳＯ作り**」である。ＩＳＯの規格そのものはもともとシンプルにできている。例えば、環境ＩＳＯの規格の要求事項の本文（ＩＳＯ登録企業が守らねばならい要求事項の全文）は **A4** 版サイズで５ページ足らずのものである。

それにも拘わらず、中堅・中小規模の登録企業の多くが分厚いＩＳＯ文書を作って苦労している。何故であろうか。その最大の原因は、大企業出身型のコンサルタント氏の言いなりの、身の丈に合わないＩＳＯ作りをしたことにある。

しかし大企業出身型のコンサルタント氏だけが悪いと考えるのは早計である。身の丈に合わないことを自らが理解してそれを主張することなく、コンサルタント氏の言いなりのＩＳＯ作りをゆるした企業自身にも過半の責任があることは言うまでもない。多くの企業が、何故そのことをコンサルタント氏に主張できなかったのか。理由は簡単である。

それは、経営トップのＩＳＯについての理解が不足していたことにある。多くの中堅・中小企業のトップは、ＩＳＯの規格が企業の経営改革をサポートするためのツールであることに気づいていない。

その認識はいまだに、環境ＩＳＯは公害防止など環境汚染の防止のために余分な投資を必要とするものであり、経営上のメリットは小さい。顧客からの要請であれば導入せざるを得ないが、その場合も登録に必要な最低限の形だけ整えればよい。

　また、品質ＩＳＯは、不良とクレームの発生を減らすために役に立ちそうだが、これは品質管理のための専門的なツールのひとつであり、その取り扱いについては今まで通りに専任の品質担当部署に任せておけばよい。

　このようなレベルの理解が依然として大勢を占めているように見受けられる。したがって、トップが本気になってＩＳＯと向き合っていない。また、ＩＳＯの規格の内容についてもその本質が理解されていない。その当然の結果として、ＩＳＯの推進責任者の任命に際して、マネジメント能力を備えているか否かを考慮しないで安易に、環境管理部門や品質管理部門の責任者をその任に充てている。このような企業のＩＳＯに経営の視点が欠落するのは当然であろう。

　マネジメントシステムとしてのＩＳＯの導入は、『組織の戦略上の決定とすべきである』とＩＳＯの規格がその冒頭で明言している（ISO14001:2004 および ISO9001:2008 の序文参照）。１００年に一度とも言われる厳しい経営環境のもとで各組織に求められている最優先課題は、変化に対応するための改革戦略であろう。

　ＩＳＯのマネジメントシステムはそのような戦略作りに役立つ仕組みとして、世界百数十ヶ国の英知が集まって練り上げたものである。激変の荒波に打ち勝って企業が継続的に変化・向上・発展するために必要な経営の仕組み作りをサポートするツールである。

奇跡の大復興と呼ばれた敗戦後の日本の大発展を支えたのは、わが国の中堅・中小企業であった。進取の気性に富み技術力に優れた中堅・中小企業群が、日本の各地にあって復興のための活力の源泉となった。厳しい経営環境が長期化する中でこれらの企業が疲弊してきている。

　日本の中堅・中小企業にいま一度元気になって貰う必要がある。そのために「是非、ＩＳＯを十分に活用して貰いたい！」との強い思いが本書執筆の動機である。

　したがって、経営トップが「事業改革を実現させるための明確な戦略方針」を作成しそれを実現することを重視するＩＳＯを提案した。「**身の丈ＩＳＯ**」を成功させるためには、それが不可欠と筆者が考えるからである。

　本書は、自社の事業改革を実現するためのツールを真剣に求めておられる中堅・中小企業のトップ経営層、並びに、既にＩＳＯを導入済みの大企業において、マンネリ化したＩＳＯの有効性を高める方策を求めておられる経営幹部の方々を読者に想定して執筆した。ご一読いただきご意見をいただければ幸である。

２０１１年２月　　河邑　啓太

1章 そもそも『ISO（アイ・エス・オー）』とは

「アイ・エス・オー」とは、I・S・O、すなわち**I**nternational **S**tandard **O**rganization（国際標準化機構）の略称である。日本ではこれをローマ字読みで「イソ」と呼ぶ人もいる。様々な製品について各国共通の国際規格をつくるために 1947 年に設立され、本部はスイスのジュネーブに置かれている。世界の 137 ヶ国が加盟している国際機関（非政府系の民間組織）である。

　ISO規格の身近な例を挙げれば、ISOネジ（または、イソネジ）、ボルトやねじ釘などのネジ山の寸法や間隔のピッチを各国共通の規格として定めている。写真のフィルムの箱にはフィルム感度が、ISO100、ISO400、などと表示されている。これはフィルム感度に関する国際規格で「ISO400」と表示されているフィルムは、「ISO100」表示のフィルムよりも感度が高く比較的暗いところでも撮影が可能なことを示している。

　これ迄にISOが発行した物づくりに関わる国際規格の総数は、17000件以上にものぼっている(日本工業標準調査会ホームページより)。

長年に渡って物づくりのための規格の作成に携わってきたＩＳＯが、産業界のニーズに応えて企業などの組織の業務システム（すなわち、質の高い仕事を確実に効率よく進める方法）に関する規格作りに乗り出すことになった。そして、その第１弾として１９８７年に発行したのが、「ＩＳＯ９００１　品質システム－設計、開発、製造、据付け及び付帯サービスにおける品質保証モデル」という、長いタイトルの品質システム規格であった。

　更に１９９６年には、国際システム規格の第２弾として「ＩＳＯ１４００１　環境マネジメントシステム－仕様及び利用の手引き」を発行した。この二つのシステム規格の発行が、最近、街でよく見かけるようになった、路上を走る営業車のドアや建築工事現場の垂れ幕、工場の門塀や壁などに表示されている『ＩＳＯ９００１、ＩＳＯ１４００１・・の認証取得！！』などの、そもそもの始まりであった。

　上述したように、ＩＳＯ９００１はＩＳＯ１４００１より９年早く発行されておりその時点ではそれはマネジメントシステム規格、すなわち組織活動をマネージするための規格ではなく、その内容は品質保証に限定したものあった。その後、ＩＳＯ９００１をマネジメントシステム規格とするための大幅な改訂がなされ、その２０００年版は、タイトルも「品質マネジメントシステム－要求事項」に変更され、ＩＳＯ１４００１と同様のマネジメントシステム規格となった。

　両規格は、我が国を含む多くの国々の産業界で広く受け入れられている。わが国におけるこれまでの業種別登録件数の総数は、２００９年８月末現在で、ＩＳＯ９００１については約５万２千事業所、またＩＳＯ１４００１については約２万９千事業所と報告されてい

る。（JAB 調べ、JAB 認定の認証件数、アイソス No.143、2009 年 10月号）

ＩＳＯ９００１の登録件数の方がＩＳＯ１４００１よりも大幅に多い主たる理由は、上述したようにＩＳＯ９００１が発行された年（1987 年）がＩＳＯ１４００１のそれ（1996 年）より９年早いことにあると考えられる。これらの登録は、組織の規模の大小を問わず、また、製造業、非製造業、サービス業の全業種に及んでいる。

　　両規格の要求事項を全てカバーするマネジメントシステム（以下、本書では「ＩＳＯマネジメントシステム」と呼ぶ）の導入を計画している組織から、ＩＳＯ１４００１とＩＳＯ９００１のどちらをベースにしてシステム構築をしたら良いかとの質問を受けることがしばしばある。ＩＳＯ１４００１をベースにすることをお勧めしている。

　それは、ＩＳＯ１４００１は、初めからマネジメントシステムのための規格として綿密に設計されているからである。他方、ＩＳＯ９００１はその２０００年版で、マネジメントシステム規格とするための大幅な改訂がなされたとはいえ、マネジメントシステムとしてまだ十分にはこなれていない。当初の品質保証システムとしての性格をなお色濃く残していると筆者が感じるからである。

　「アイ・エス・オー」についてもう一つ大事なことに触れておく必要がある。それは、この数年来，「アイ・エス・オーもどき」とも呼ぶべきマネジメントシステムの規格が出回っていることである。それらの推進母体の主張は、中堅・中小企業の経営者にとっては、耳触りのよいものである。いわく、「ＩＳＯと違って中堅・中小企

業でも取り組みやすい簡易なシステムである。」いわく、「ＩＳＯ
よりも認証取得費用が廉価で、維持も容易である。」

　本当にそうなのか？　ＩＳＯのプロでない経営者や中堅幹部の
方々にとってその真偽の判断は難しいことと思う。ここでは、次の
二点を述べるに留める。

　その第一は、ＩＳＯ規格は、開発途上国を含む世界中の大小様々な
国から集まった、世界の英知とも言われる人達が、思考と議論を重
ねて練り上げたものである。規格を利用するのが大企業だけではな
く多くの中堅・中小企業であることは、規格作成の当初から十分に
考慮されているところである（**コラム1**）。

　第二は、前述したようにＩＳＯ活動は、もともと非政府系の民間
組織が母体で普及してきているものである。それに対し、これらの
「アイ・エス・オーもどき」は、何れも、民間企業とは経営センス
の異なるお役所（中央官庁又は地方自治体）、または、その強い後
ろ盾を受ける組織により作成され、推進されているという事実であ
る.。

コラム1：身の丈ＩＳＯ

求められる製品やサービスを提供するための主要な業務、例えば設計、購買、製造などについて、現在の方法が最良のものかどうかを、規格要求事項に照らして再吟味する。その結果、何処か改良したほうが良い点があれば改良し、それを全員に周知して実行する。簡単に言えば、これが品質ＩＳＯである。

また、毎年、業務の方法を継続的に改善・改革する目標を立てることが求められている。但し、具体的にどのような内容・レベルの目標を立てるかは、企業の自由裁量に任されている。したがって、自社の「身の丈にあった」、また、自社の実情に合った目標を立てればよい。

一口にＩＳＯと言っても、Ａ社、Ｂ社、Ｃ社、の３社があれば、各社それぞれの考え方、社風、業務の状況に基づいて、各社それぞれの**「身の丈にあった運用」**ができる内容のシステム作りが大切である。

まとめ

●品質ＩＳＯ、環境ＩＳＯの両規格は、わが国はもとより世界各国の産業界に受け入れられ、わが国ではこれまでに総数、約8万にのぼる組織が認証登録をしている。

●ＩＳＯの導入は、各社それぞれの考え方、社風、業務の状況に基づき、各社それぞれの「**身の丈にあった内容**」とすることが大切である。

2章　ＩＳＯの多様な効果

企業はＩＳＯに基づくマネジメントシステムを導入することにより、以下に述べる五つの経営メリットを期待できる。しかしながら、それらを確実に得るためには、ＩＳＯの導入に当たって、企業が先ず、どのメリットの獲得を優先させるかを明確にすることが得策である。

　また、これらの経営メリットはＩＳＯを導入しさえすれば必ず得られるとの保証がある訳ではない。ＩＳＯを導入しその活用のために工夫と努力を重ねた組織にのみ、与えられる成果である。昔のことわざにもあるように「馬を水飲み場まで連れて行くことはできても、飲むか飲まないかは馬次第である」ということがこの場合にも当てはまる。十分な工夫と努力を重ねた企業が得ることができる成果について、以下にその概要を述べる。

1)　　　受注競争上の優位
　これ迄にＩＳＯの登録をした企業の多くの経営者が、ＩＳＯの導入を決めた理由として、『受注に有利』だということを挙げている。特に、ヨーロッパ市場へ電気・電子製品、医療機器、カメラ、ゲーム機器などを輸出する企業及びそれらの企業に資材、部品などを供給する企業にとっては、ＩＳＯの認証登録がないことには商談にな

らない。ビジネスを進めるためには認証登録が事実上の必須要件となっている。ＩＳＯに対する認識が定着している欧州各国での輸出商談の土俵にのぼるためには、ＩＳＯの登録を避けては通れない。

　また、製品が最終消費者によって選ばれる家電製品や、食品、日用品などについては、それらを提供する企業に対する消費者イメージの重要性が増している。消費者に対する自社ブランドのイメージ・アップを狙ってＩＳＯの導入を決めるケースも少なくない。

　公共事業に入札する土木・建設業者に対する「経営事項審査」の評価において、多くの地方自治体が、ＩＳＯ登録を加点対象としていることは周知の通りである。また、この１０数年来、環境に配慮した製品・サービスを優先的に購入する，いわゆるグリーン購入が世界的に広まりつつある。

　我が国では、平成１２年にグリーン購入法が制定され、国や地方自治体の役所、公的研究機関、及び、学校等の公立教育機関等ではグリーン購入が法的に義務づけられている。また、民間組織においても、環境ＩＳＯ（ISO14001）の認証登録をしていない企業からは製品のみならず原料や部品、資材を購入しないことを調達方針として打ち出している企業グループも増えつつある。

　このように、ＩＳＯの導入は受注競争の様々な場面において競合他社に差を付け、自社が有利に立つことを可能とする効果がある。

2）　　コストダウンの効果

１００年に一度といわれる世界的な経済・経営環境の悪化を受けて、あらゆる組織においてコストダウンのための業務の見直しと、その結果を受けたコスト節減策が実施されている。ＩＳＯは、実は、コストダウンにも有効である。

　ＩＳＯの導入により得られるコストダウンの効果が予想以上に大きいことに導入組織の経営層が、驚く事例が多い。環境ＩＳＯの効果により；電力、燃料、水道水、コピー用紙、文具類などの経費が、予想以上に大幅に減少するためである。また、近年、価格が高騰している原料や資材の消費量の削減についても、ムダの少ない効率的な利用を徹底することによる効果が大きい。

　これまで廃棄していた使用済み部材、材料の切れ端、廃油、空き容器、等々の再利用により原材料費が削減される。また、排出物の分別によるリサイクル化が徹底される。このような、３Ｒ（Reduce：削減、Reuse：再利用、Recycle：リサイクル）の結果として、資源が有効に利用されると共に、処分を必要とする廃棄物量が大幅に減少しその処理コストも削減されるためである。

　他方、品質ＩＳＯの効果としては、自社が提供する製品・サービスに対する要求事項を顧客の視点に立って見直し、従来は重視してこなかった点を含めこれまで以上により確実にこれを捉えて、高い顧客満足を得るように業務の改善を進める。その結果として、クレームや不良品・不良サービスの発生が減少する。また、それらの処置のためにこれまで費やしてきた、労務費をはじめ原材料費、時間、電力費、燃料費、等々の業務全般に渡るムダな経費の削減がもたらされる。

これらのムダ削減活動は、資源の枯渇などの地球環境の劣化を抑制することにも貢献することは論を待たない。１円ずつ１銭ずつの積み上げによる不断のコスト競争力の向上が求められる厳しい経営環境下にあって、ＩＳＯの導入がもたらす経費削減、および、製品・サービスコスト低減が産み出す効果の貢献は大きい。

３）　個人経営から組織経営への転換促進

　個人事業としてスタートした企業が、成長して事業規模が大きくなり、従業員数も増えるにつれてトップの眼が全従業員にまでは行き届かなくなる。一つひとつの仕事を誰がどのように計画して進めているのか。誰がどのような仕事の仕方をしているのか等々を、トップが把握しづらくなる。その結果、的確な指導がなされず組織全体としての業務効率が低下する。

　このような状況に対処するためには、組織内の情報の風通しを良くするとともに『報連相』を徹底する仕組み作りが必要である。また、それは、トップが組織全体の動きを見やすくする仕組み作りでもある。この仕組みが機能することにより、はじめてトップは、迅速かつ明確な指示を出すことができる。また、末端までの全従業員の一人ひとりがトップの考えを確実に理解し、それに沿って日々の業務を遂行できるようになる。業務の効率は自ずと向上する。

　ＩＳＯの導入はこのように、組織としての体制や仕組みが未整備な個人経営を組織経営へ転換させ、業務効率を向上させる効果をもたらすことができる。

４）　社内の連帯意識の強化

既に体制が整備されている組織では、各部門は、自部門に与えられた役割を果たし、また、自部門の課題や目標を達成するための業務に専念する。その結果、自部門の成果を伸ばすことのみを優先し、組織全体としての効率や成果に対する意識が薄れる。いわゆる、大企業病的な兆候が芽生えることになる。

　このような事態を打開するためには、他部門の業務内容や他部門がどんな課題に取り組んでいるかを理解する機会を作る必要がある。部門間でのそのような相互理解が進めば、社内の全従業員が連帯意識を持ち、自部門の成果のみでなく会社の全体効率をも意識できるようになる。そのための場作りの道具としてISOが活用できる。経営トップが定めた方針を実現するために、全社員が一丸となり共通課題に取り組む場が形成され、課題達成のための活動が展開される。

　ISOの導入はこのように、部門間の相互関係をより緊密にし、会社全体が一丸となって活動するための連帯意識を醸成する効果がある。

5）　激変する経営環境に対応する事業改革
　グローバル化がもたらした激変する経営環境の中で、企業が生き残っていくためには、不断の改革が不可欠である。企業自身が常に変化することが求められている。この様なトップの認識の下に、ISOの導入を決めるケースである。このケースでは、トップが勉強家で、自ら様々な経営手法を研究・吟味しISOの仕組みの利点を十分に理解し納得した上でISOの導入が決定されるケースが多い。事業改革のエンジン役としてのISOの利用である。

企業風土の改革と業務改革に全員参加での取り組みを始める。企業内の一人ひとりが自らの役割と責任を的確に自覚し、また、市場の変化に対応して自社が取り組むべき課題を見極める力をつけさせる。そのための分かり易い仕組み作りをする。また、経営改革へ向けて自らが見極めた課題を解決するための目的・目標を設定して、それを迅速に達成できるようにする。そのための仕組み作りである。

　一人ひとりが、また、各部門・各活動領域が、それぞれの課題達成のための大小様々なPDCA（計画→実施→点検→アクション）のサイクルを何度にも渡り確実に回す。トップ主導の事業・経営改革活動としてのISOが推進される（コラム2）。実は、これこそがISO14001及びISO9001の両規格が作成された本来のねらいである。

コラム２：トップ主導のＩＳＯ

経営トップがＩＳＯマネジメントシステムの管理責任者としてシステムを構築・運用し、成功している事例がある。

従業員約１５０名のエヌケイエス株式会社。バブル崩壊後の不況で３期連続の赤字に転落した際に社長の松尾茂樹氏が、危機を乗り切るために品質ＩＳＯを導入した。自らが管理責任者として経営革新を断行し２年間で累積赤字を解消し、その後もＩＳＯの活用により事業を発展させている。（松尾茂樹著「ＩＳＯを活かしたシンプル経営入門」東洋経済新聞社）

また、一部上場企業の例としては、経済同友会代表幹事・株式会社リコー会長の桜井正光氏が、社長時代に約１０年間に渡って環境マネジメントシステムの管理責任者として業務改革を主導し、同社を製造業の環境トップランナーに変身させたことは、多くの業界関係者の知るところである。

まとめ

●企業はＩＳＯの導入に際し、ＩＳＯがもたらす五つの経営メリットのうちどの獲得を優先させるかを先ず明確にすべきである：①受注競争上の優位　②コストダウン　③個人経営から組織経営への転換　④社内連帯意識の醸成　⑤激変する経営環境に対応するための事業改革。

● 五つの経営メリットは、ＩＳＯを導入し登録しさえすれば自動的に得られるものではない。それが得られるか否かは、ＩＳＯを導入した組織の工夫と努力の積み重ね如何にかかっている。

● ＩＳＯの利点を十分に理解したトップによる、トップ主導のＩＳＯの運用により、不断の事業・経営改革に挑戦する。これこそがＩＳＯ14001およびＩＳＯ9001の両規格の本来、狙いとするところである。

3章　ＩＳＯ成功の鍵はトップの本気度

組織内にＩＳＯを定着させるために何よりも重要なことは、経営トップの熱意である。ＩＳＯを定着させ自社の改革を実行・継続させるためにはトップの強い決意と熱意の持続が不可欠である。

　「ＩＳＯマネジメントシステム」は、ヨーロッパ生まれのトップダウンの経営の仕組みである。この仕組みでは、経営トップの直接の関与を重視している。仕組みの構築はもとより、その運用に関しても多くの役割、及び、責任を要求事項としてトップに課している。以下に、ＩＳＯ９００１及びＩＳＯ１４００１の両規格がそれぞれ、トップに求めている要求事項を列記する。

　多岐にわたるこれらの要求事項にトップが真剣に取り組み、それを確実にやり遂げるかどうかを社員が見守っている。全社員の眼にそれを示すことこそがトップの熱意を示す最良の方法である。

ＩＳＯ９００１が経営トップに求める役割、責任：

　経営トップの役割は多岐に渡る。以下の条項を見ることにより、経営トップは、ＩＳＯマネジメントシステムがトップダウンの仕組みであることを実感することになろう。

【規格条項 5.1】 経営者のコミットメント（コラム３）：

　トップは、自社の品質マネジメントシステムの構築と実施、並びに、その有効性を継続的に改善することをコミットメントする。そのコミットメントに対する証拠を次の行動により示さねばならない。

a) 法令・規制要求事項及び顧客要求事項を満たすことの重要性を組織内に周知させること。
b) 品質方針を設定すること；（規格はお題目的な内容ではなく実現を目指す具体的内容の品質方針の設定を求めている。：筆者注）
c) 品質目標が設定させることを確実にする。
d) マネジメントレビューを実施する。
e) 資源（経営資源としての、ひと・もの・かね、及び技術、情報など：筆者注）が使用できることを確実にする。

コラム３：「コミットメント」とは？

英語 Commitment にぴったりの日本語が無い。「約束」と和訳される場合もあるが、違和感があるため、片仮名でコミットメントと表示されることが多い。コミットメントの対象としたことの実現を目指して、そのことに『真摯で熱心な関わりを持続することの公式表明』　が英語の意味する内容に近い。

【規格条項 5.2】 顧客重視：

　トップは、顧客満足の向上をもたらすような方法で顧客要求事項を決定しそれを満たすことを、社員全員にもれなく実行させること。

【規格条項 5.3】 品質方針：

　トップは、コミットメントのひとつとして自らが設定する品質方針が、確実に次の事項を満たすようにすること。

　　　a)　組織の目的（設立目的、存続目的、など：筆者注）に対して適切である。
　　　b)　要求事項への適合及び品質マネジメントシステムの有効性の継続的改善に対するコミットメントを含む。
　　　c) 品質目標の設定及びそのレビューのための枠組みを与える。
　　　d) 組織全体に伝達され理解される。
　　　e) 内容の適切性を持続させるためにレビューする。

【規格条項 5.4.1】 品質目標：

　トップは、社内の必要な階層、部門毎に品質目標をもれなく設定させること；品質目標はその達成度が判定可能で、品質方針との整合がとれていなければならない。

【規格条項 5.4.2】 品質マネジメントシステムの計画：

a)トップは、品質目標を確実に達成できるように、また、規格の各要求事項を確実に満たす品質マネジメントシステムとなるように、品質マネジメントシステムを計画すること。

b)トップは、品質マネジメントシステムの変更を計画する時、または、変更する時には、品質マネジメントシステムに必要な構成要素に欠落が生じていないことを確認すること。

【規格条項 5.5.1】 責任及び権限：

トップは、社内における責任と権限を定め、社内全体にそれをもれなく周知させること。

【規格条項 5.5.2】 管理責任者の任命：

トップは、社内の管理者層の中から品質マネジメントシステムの管理責任者を任命すること。また、管理責任者には次に示す責任及び権限を与えること。

- a) 自社の品質マネジメントシステムに必要なプロセスを確立し、実施し、及び維持することを確実に実行すること。
- b) 品質マネジメントシステムの実施状況（成果の達成状況を含む：筆者注）及び、品質マネジメントシステムの改善ニーズについてトップに報告すること。
- c) 社内全体にわたって、顧客要求事項に対する認識が、確実に高まるようにすること。

【規格条項 5.5.3】 内部コミュニケーション：

トップは、社内コミュニケーションのための有効なプロセスを構築し、品質マネジメントシステムの有効性に関する情報交換を確実に実施・維持すること。

【規格条項 5.6】 マネジメントレビュー：

a) トップは、自社の品質マネジメントシステムが、適切、妥当かつ有効（コラム4）であることを確実に継続させるために、あらかじめ取り決めた期間毎に品質マネジメントシステムをレビューすること。

b) このレビューでは、品質マネジメントシステムを改善する必要性の有無、並びに、品質方針、品質目標を含む何れかの品質マネジメントシステム要素の変更の必要性の有無、を決定すること。

c) マネジメント・レビューの結果は記録しそれを保持すること。

【規格条項 6.1】資源の提供（人的資源、インフラストラクチャー、作業環境）：

トップは、次のことを実施するために必要な経営資源を明確にしそれを提供すること。

a) 自社の品質マネジメントシステムを実施し、維持し、またその有効性を継続的に改善すること。
b) 顧客要求事項（ニーズまたは期待：筆者注）を満たすことにより、顧客満足を向上させること。

コラム4：システムの適切性、妥当性、及び有効性

有効性：マネジメントシステムの中で計画した
　　　　活動が達成された程度。重視すべきも
　　　　のとして品質目標／環境目標の達成度
　　　　がある。

適切性：品質目標／環境目標または業務プロ

　　　　セスについて設定した指標値や基準

　　　　値が品質方針／環境方針の達成という観
　　　　点から適切であること。

妥当性：組織の戦略的決定として導入した狙い
　　　　に沿ったシステム内容であること。

ＩＳＯ１４００１が経営トップに求める役割、責任：

　ＩＳＯ１４００１が経営トップに求める３項目①定期的なマネジメントレビューの実施、②責任及び権限の明確化と周知、並びに、③必要な経営資源の明確化とその提供、は、ＩＳＯ９００１が求める内容と同じである。但し、環境方針の内容については、ＩＳＯ１４００１固有の要求が多い。

【規格条項 4.2】環境方針：

　トップは、自社の環境方針を定め、環境マネジメントシステムの適用対象として自らが定めた範囲の中で、環境方針が次の事項を確実に満たすようにすること。

a) 自社の活動、製品及びサービスの、性質、規模及びそれらに起因する環境影響に対して適切であること。
b) 「継続的改善」と「汚染の予防」に関するコミットメントを含めること。
c) 自社に起因する環境への影響に関し、適用される法的要求事項及び自社が同意している法以外の要求事項を順守することのコミットメントを含めること。
d) 環境目的及び目標の設定及びレビューのための枠組みを与えること。
e) 方針の内容を文書化し、実行し、維持すること。
f) 自社で働く又は自社のために働く全ての人に周知させること。
g) 一般の人々（組織外の人々のこと：筆者注）が入手できるようにすること。

【規格条項 4.4.1】資源、役割、責任及び権限

〇トップは、環境マネジメントシステムを確立し、実施し、維持し、改善するために不可欠な経営資源を確実に整えること経営資源には、

人的資源及び専門的な技能、インフラストラクチャー、技術、並びに資金を含めること。

○効果的な環境マネジメントを実施するために、トップは、役割、責任及び権限を定め、文書化し、かつ、社内全体へ周知すること。

○トップは、環境マネジメントシステムのための管理責任者（複数も可）を任命し、その管理責任者に次の事項に関する明確な役割、責任及び権限を持たせること。

a) この規格の要求事項に従って、環境マネジメントシステムを確立し、実施し、維持することを確実にすること。

b) トップによるマネジメントレビューに先立って、トップへ環境マネジメントシステムのパフォーマンスの実績を報告する（報告の中には環境マネジメンシステムの改善ための提案を含める。）

【規格条項 4.6】マネジメントレビュー

○トップは、自社の環境マネジメントシステムが、適切、妥当かつ有効であることを確実に継続させるために、あらかじめ取り決めた期間毎に環境マネジメントシステムをレビューすること。

○レビューでは、環境方針並びに環境目的及び目標を含む環境マネジメントシステムの何れかの要素の変更の必要性の有無、を決定すること。

○マネジメントレビューの結果は記録しそれを保持すること。

企業の経営理念及びトップの経営方針に沿って経営改革を効果的に実施するためには、トップが使いやすい経営ツールとしてのISOマネジメントシステム作りが必要である。

　そのためには、トップがこの規格の意図を十分に理解し規格がトップに要求している役割、責任を的確に捉えそれを身の丈に合わせて実行する仕組作りをすることが大切である。

　ISOが意図するマネジメントシステムの狙いに関し、経営層の間で理解の不足や誤解がある場合、ISOマネジメントシステムは効果的には機能しない。トップをはじめとする経営層は、先ず、環境ISO及び品質ISOの両規格の精読から始める必要がある。両規格の序文は、それぞれの規格の狙いを詳述しており、規格の的確な理解のために重要な内容を含んでいる。

　既に述べたように『ISO マネジメントシステムの採用は、組織の戦略上の決定とすべきである』と規格は明確に述べている（ISO9001:2000 及び ISO9001:2008 の序文）。これは、ISO マネジメントシステムを導入するに当たって、『激変する経営環境下で、自社が生き残るために不可欠な変革を、ISOマネジメントシステムにより実現する』ことを、トップが経営戦略として意思決定することである。これがISOの導入を成功させる前提条件であることを意味している。

　繰り返すが、ISOマネジメントシステムをトップの狙い通りに機能させるためには、先ず、『ISOマネジメントシステムの導入が、トップ自身による戦略的決定である』ことを全従業員に確実に

理解させることである。また、全員参加でその実行に着手する必要があることを、全従業員に自覚させることが重要である。

　ＩＳＯマネジメントシステムを戦略的決定として導入する明確な理由、及び、ＩＳＯマネジメントシステムの導入により「具体的に何を実現したいとトップが考えているのか」を、全従業員に示す必要がある。

　トップ自らの言葉による分かりやすい説明を、機会を捉えて全従業員に何回も繰り返すことが、全従業員の確実な理解と協力を得るためには欠かせない。ここでも、とりわけトップの熱意が要求される。

まとめ

●ヨーロッパ生まれの経営の仕組みである「ISOマネジメントシステム」は、トップダウンの仕組みである。仕組み作りとその運営へのトップの直接の関与を重視しており、多くの役割、責任を規格要求事項としてトップに課している。

●トップに対する多岐にわたる要求事項にトップが真剣に取り組み、それをやり遂げるかどうかを、社員が見守っている。全社員にそれを示すことが、ISOマネジメントシステムに対するトップの熱意を示す最良の方法である。

●自らが定めた方針を実現するための経営を実践するためには、トップにとって使い勝手のよいISOマネジメントシステムを作り上げる必要がある。

●激変する経営環境下で、自社が生き残るために必要な組織・業務の変革をISOの導入によって進めることを、トップが経営戦略として決定したことを全従業員に示し理解させることが重要である。

●ISO導入による組織変革・業務変革により具体的に何を実現したいとトップが考えているかを全従業員に明示し、それをトップ自らが繰り返し説明して理解させる必要がある。

4章　トップが押さえるべき三つのポイント

　ＩＳＯマネジメントシステムを構築する際に、経営トップが押さえるべき三つの重要なポイントがある。

（1）　先ず第1のポイントは、前述したように自社の**「身の丈にあったシステム」**を構築することである。これが最も重要なポイントである。大企業出身の多くのＩＳＯコンサルタントが指導する、大企業型のＩＳＯマネジメントシステムは中堅・中小企業には合わないと考えるべきである。中堅・中小企業には、シンプルで運用が楽な軽いシステムがよい。さもなければ、運用の負担ばかりが大きくて実務とはかけ離れたＩＳＯとなってしまうであろう。それでは、ＩＳＯ導入による業務の改革・改善の実現はできない。

（2）　第2のポイントは、大企業や同業他社など他企業のＩＳＯマネジメントシステムのコピーではなく、必ず自社でオリジナルに構築したもの、よそには存在しない自社独自のシステム作りをすることである。「自社の風土の改革による、生き残りと将来の発展を

見据えて、自社の業務の実態に合わせて社内の人間が考えた」システム作りをすることが肝要である。

　審査機関の認証審査にパスしさえすればよい。どんな形であれISOの認証登録をすることだけが目的であると言うのであれば、手間を掛けずに他組織のコピーで審査をパスするという考え方もあるかも知れない**(コラム5)**。しかし、それでは、日常業務のための仕組みとISOのための仕組みの2本立てとなり、複雑でムダの多い業務を社員に強いることになる。

　その結果は、ISOマネジメントシステムの運用を通じて経営改革や業務改善の成果を得るどころか、経営の役には立たない余分な業務を社員に押しつける結果になる。ISOマネジメントシステムの運用を通じて、真の経営革新や業務改善を目指すのであれば、自社の業務の実態に合った、自社に固有のシステムを作ることが不可欠である。

（3）第3のポイントは、ISO14001及び/又はISO9001規格の各要求事項の文言をそのまま取り込んだマニュアルを作成しても、それだけではマネジメントシステムを作り上げたことには成らないことの理解である。

　両規格の要求事項は、マネジメントシステムを構築するために必要な全要素のうち、いわばシステムの「大骨」となる部分のみを規定していることの理解が必要である。要求事項がそのように作成されている理由は、開発途上国を含む世界中の多様な国々の、また、大小様々な規模とレベルの、あらゆる産業分野の組織で、この規格を利用できるようにするための妥協の結果として規格ができあがっているからである。

すなわち、世界中のどのような組織にも適用できる簡素な要求事項とする狙いで、要求事項の内容はギリギリのレベルにまでそぎ落とされている。自社の業務の実態に合うシステムとして完成させるためには、社内でこれまでやってきている業務の実態に合うような肉付けが必要である；ＩＳＯのファミリー規格 **(コラム６)** が肉付け作業の参考になる情報を提供している。この肉付け作業については外部のコンサルタントの意見に影響されることを避け、「自社流」を通すことが重要である。

コラム５：登録はＩＳＯのスタートライン

　ＩＳＯ導入による経営の改善・改革の成果は、認証登録により直ちに得られるものではない。審査にパスすることは、ＩＳＯのスタートラインンに立ったことを意味する。

　狙い通りの成果を引き出すためには、審査にパスした後のちゃんとしたシステム運用の蓄積が必要である。他社のコピーで作ったシステムでは、自社の業務の実態とは合わないため、業務の中でＩＳＯの運用を浸透させることができない。

　したがって定期審査では、管理責任者とＩＳＯ事務局で審査のための資料を準備し、管理責任者とＩＳＯ事務局だけが全体を把握しているＩＳＯ活動となってしまう。

　この場合にはもちろんＩＳＯの成果を得ることは期待できない。業務の実態と合う一本化した運用システムに改善するためにはシステムの大改造が必要となる。

コラム6：ＩＳＯのファミリー規格

ISO14001 及び ISO9001 の両規格は一連のファミリー規格を有している。

ISO14001 及び ISO9001 は、それぞれファミリー規格の中の親となる規格であり、認証審査の際にはこの親規格の要求事項が審査基準となる。

ファミリー規格中には審査の対象となる要求事項は含まれていないが、システム作りの参考になる種々の情報がふくまれている。どのような情報が利用できるかのか；参考1に ISO9000 の、また、参考2に ISO14000 の主なファミリー規格を示す。

システム構築の前にこれらを一覧し、自社のマネジメントシステム作りに役立ちそうなものがあれば、それを入手して活用することをお奨めする。

まとめ

●ＩＳＯマネジメントシステムを構築するに当たっては、①自社
の身の丈にあったシステム作りと②他社のコピーでない自前の
システム作り、に徹することが最も重要である。

●両規格の要求事項は、マネジメントシステムの「大骨」部分の
内容に限定されている。社内の日常業務と一体化して運用でき
るシステムとするためには、「大骨」に合わせて自社の日常業
務に対応する肉付けをすることが必要である。

●ＩＳＯ１４００１及びＩＳＯ９００１には、何れも一群のファ
ミリー規格がある。ファミリー規格には、経営に役立つシステ
ム作りに活用できる種々の情報が含まれている。ファミリー規
格のタイトルを一覧し、役立ちそうな内容が見つかればそれを
入手して活用することが望まれる。

5章　エース投入の体制作り

　ＩＳＯマネジメントシステムを自社内で構築し運用するに当たって、企業が最初になすべきことは、そのための体制作りである。ＩＳＯマネジメントシステムの導入を成功させる上での二人のキーパーソンの選任をどうするか等々の決定である。

　システムの構築・運用の責任者となるマネジメント・レプリゼンタティブ(コラム7)、及び、構築されたシステムとその運用状況が規格の要求事項に照らして適切で効果的か否かをチェックする内部監査のための内部監査プログラム管理責任者(コラム8)の選任が極めて重要である。この二人のキーパーソンの選任は、規格が経営トップに課している役割の一つである。

コラム7：マネジメント・レップの選任

ISO14001、及び、ISO9001 の原文で使われている英語"Management Representative" の日本語訳として JIS 規格ではそれぞれ「環境管理責任者及び品質管理責任者」を用いている。

しかしながら、"Management"は、経営層（又は経営）、また "Representative" は、代理者（又は代表者）であることより"Management Representative" は、本来、経営層を代表（又は代理）する経営上のキーパーソンと見なされる。

原文の英語の真意を適切に伝えているとは言えない日本語訳が、マネジメント・レプリゼンタティブの役割についての誤解を生み、経営トップが不適切な選任をしているケースが多いように思われる。

経営トップは、マネジメント・レプリゼンタティブの選任に当たり、規格原文の英語の意味を十分に配慮する必要がある。

コラム８：内部監査プログラム管理責任者 の選任

「JIS Q19011 品質及び/又は環境マネジメントシステム 監査のための指針」では、

「組織のトップマネジメントは、監査プログラムの管理 のための権限を与えること、及び、監査プログラム管理 責任者は、次の作業を行うことが望ましいとして、その 役割を定めています。

① 監査プログラムの目的及び範囲を設定する。②責任 及び手順を確立し、並びに資源が確実に提供される ようにする。・・・・・⑤監査プログラムを監視し、 レビューし、及び改善する。」

②

　内部監査プログラムの管理責任者は、マネジメント・ レプリゼンタティブと同様に ISO マネジメントシステム の成否の鍵を握るキーパーソンである。

マネジメント・レプリゼンタティブは、ISO マネジメントシステムを計画、実施して継続的改善（即ち、組織の不断の経営改革）を実現するためのキーパーソンである。トップの経営方針、経営戦略の狙いが理解でき、状況に応じてはトップの代理が務められるだけのマネジメント能力が要求される。

　したがって、トップがそのマネジメント能力を最も信頼できるエース級人材を選任することが必要である。トップが適切なマネジメント・レプリゼンタティブを選任できるか否かが、その組織のＩＳＯマネジメントシステムの成否を決めると言っても過言ではない。

　他方、内部監査プログラム管理責任者は、ＩＳＯ規格の要求事項および自社内の業務上のルールが取り決め通りに、また全ての業務が効果的に実行されているかどうか。

　すなわち、取り決め通りにＩＳＯマネジメントシステムが適切に運用され、システムとして効果的に機能し、方針の実現、目的・目標の達成など、目指すべき成果を出しているか否か。

　これらを全業務について、多忙なトップに代わってその状況をチェックする。また、その結果をトップへ報告する。そのために必要な全活動を包含する内部監査プログラムを策定し実施する責任を担う。

　したがって内部監査プログラム管理責任者は、監査員の力量および監査技法についての理解はもとより、組織のマネジメントについても実務経験に基づく十分なスキルを持つことが必要である。

また、監査対象の業務や活動に関し技術面及びビジネス面の双方から、その内容を理解できる力量が要求される（日本規格協会、JIS Q19011　品質及び/又は環境マネジメントシステム監査のための指針、2003年3月）。

　　マネジメント・レプリゼンタティブと同様に組織内のエース級人材の投入、又は、外部から適任者を選任することが必要である。(コラム9)

コラム９：内部監査の外部委託

前出（コラム７参照）のマネジメント・レプリゼンタティブについては、規格は組織内の管理層から任命することを求めている（ISO9001:2008）。他方、内部監査プログラム管理責任者および内部監査員については、規格はそのような制約を設けず、外部からの選任を認めている(ISO14001:2004)。

　内部の人間同士では互いに遠慮もあり、問題箇所を見つけても指摘を出しづらい。また、内部監査員にマネジメント面の力量が不足し経営とはかけ離れた、形のみの内部監査となっているケースが多く見受けられる。

　的確でトップの意思決定に役立つ内部監査結果を得るためには、力量のある外部の専門家への委託も一法である。但しその場合には、トップ自身がその専門家と直接、面談してその力量を見極め、十分に納得した上で依頼することが重要である。

トップは、上述した点を考慮して自社内からマネジメント・レプリゼンタティブを任命して、ＩＳＯマネジメントシステムを構築、実施、維持する役割、責任及び権限を与える。構築されたマネジメントシステムは、トップのための経営ツールであると同時にそれはまたトップによる経営の舵取りのルールともなる。

したがってこの仕組み作りに関しては、経営トップとマネジメント・レプリゼンタティブとの間の緊密な連携プレーが不可欠である。トップも積極的に仕組み作りの議論に参加するようにつとめる。このことは、経営トップの意思を十分に反映したトップの使いやすいマネジメントシステムを構築するためには見落とせないポイントである。

例えば、パフォーマンス上の鍵となる重要な業務指標については、トップがいつでも容易にその最新データを見て必要な指示を迅速に出せる仕組みとすることが、欠かせないポイントの一つになるであろう。

システムの運用に組織内の全従業員を参加させるためには、上述の二人のキーパーソンのみならず、各部門の責任者及び全社員の、ＩＳＯの運用に関わる役割、責任と権限を明確にして、誰でもがその内容を常に眼で確かめられようにすることが重要である。

ＩＳＯマネジメントシステムの計画、実施に関わる一人ひとりの責任・権限の内容を文書にして、組織内の全員に周知させる。全員が自部署と自分の役割を十分に自覚できるようにすることが、システム運用を定着させるための第一歩である。

役割、責任、権限の組織内での周知についても、規格は、それをトップに重要な役割の一つとして求めている。職務分掌などわが国のこの種の文書では、責任のみを記載し権限を明示していない例が多い。

　権限を与えられた人に対しては、当然その権限を適切に行使する責任が生じる。すなわち、「責任」と責任を果たすために必要な「権限」は表裏一体のものと考えるべきである。責任とあわせて関連する権限を具体的に明示しておくことが重要である。

　多くの企業では職務分掌の中で、業務上の役割、責任、権限を規定しているが、「・・・に関わること」式の表限のみで具体的な内容が明確でないケースが多い。

　ＩＳＯマネジメントシステムの導入に当たっては、既存の職務分掌書の中にＩＳＯマネジメントシステムの計画、実施のために、各部門の責任者及び構成員が担うべき役割、責任、権限を具体的に明確に追記する必要がある。

　とりわけ、複数部門間の水平展開など部門にまたがる活動に関する機能、すなわち、クロスファンクショナルと呼ばれる機能に関わる役割、責任、権限の明確化が重要である。

　従業員数が１００人程度の比較的小さい組織規模であれば、一枚の組織図にトップ以下の全管理者名、全構成員名を示すと共に、業務上およびＩＳＯマネジメントシステム上の役割、責任、権限をも併記して、各自が常にそれを見て自覚し易いようにするとよい。

組織内の誰でもがそれを一覧できるように、工場や事務所内の壁に掲示することが周知のためには効果的である。このような簡略化したＩＳＯ体制図の例として、参考３に「ABC社の業務・ＩＳＯ体制図」を示す。

まとめ

● ISOマネジメントシステムを成功させるためのキーパーソンであるマネジメント・レプリゼンタティブには、トップの経営方針、経営戦略が的確に理解でき、状況に応じてはトップの代理サポートが務まるレベルのマネジメント能力が要求される。

● ISOマネジメントシステムを成功させるためのもうひとりのキーパーソンである内部監査プログラム管理責任者は、監査に関する知識や技倆はもとより実務経験に基づくマネジメントスキル及び監査対象の業務を技術、ビジネスの両面より理解できる力量が求められる。

● 内部監査プログラム管理責任者及び内部監査員には、組織外から適任者を選任することを規格は認めている。内部監査をトップの意思決定に役立つ、充実した内容のものとするために、外部の専門家の利用も検討するべきである。

● ISOマネジメントシステムの導入に当たっては既存の職務分掌書の中にISOマネジメントシステムの計画・実施に関わる各部門の責任者及び構成員の役割、責任、権限を具体的な内容として追記して、全従業員に周知する必要がある。とりわけ、部門間の水平展開を必要とする活動に関する役割などの明示が重要である。

6章　改革実現のためのマネジメント方針

ＩＳＯ14001とＩＳＯ9001の両規格はシステム構築の最初のステップとして、組織のトップが、環境方針と品質方針を文書として明示することを求めている。この二つの方針をまとめて一つにしたものを本書では、『マネジメント方針』と呼ぶ。

　自社の改革戦略の一環としてＩＳＯマネジメントシステムを構築するに当たり、環境経営力および品質経営力の向上、すなわち、環境と品質の両面より自社の組織改革を進めることにより、社内に具体的にどのような変化を起こし、またその変化を通してトップは何を実現することを目指しているのか。これらの内容をマネジメント方針としてトップが明確に文書化することが、システム構築の第一歩として求められている。

　事業上の中長期ベースでの具体的な到達点としての目的、すなわち、激変下の市場をにらんで「顧客満足度の向上」と「地球環境の保護」を考慮した戦略としての、『自社の今後の事業の柱とする製品・サービス』の方向付け、及び、その方向付けに沿って達成すべ

きパフォーマンスレベル(コラム１０)の全体像をマネジメント方針
として経営トップが文書化する。

コラム１０：「パフォーマンス」とは　？

ＩＳＯ規格には分かりづらい片仮名用語がいくつか出てくる。
「パフォーマンス」もその一つである。規格はパフォーマンス
の意味を次のように定義している：

「組織（または企業：筆者注）のマネジメントの内容（対象項
目：筆者注）について測定可能な結果。」

この定義も平易ではないと思われるのでいくつかの具体例をあ
げておく。

環境パフォーマンスの例としては、①電力や燃料、水などの消
費量、②廃棄物の排出量と③そのリサイクル率など。

品質パフォーマンスの例としては、①クレーム数、②直行率、
③顧客満足度、などが挙げられる。

自社の経営をマネージする上での方針の決定とその提示は、企業を預かる経営トップに対して当然に求められる基本的な責務である。ＩＳＯの中でも、トップに対する当然の要求としてそれが求められている。

　ＩＳＯは、また、①各部署・各活動領域が目標を設定するに当たり、また、②設定した目標の変更を検討する必要が生じた場合のレビュー(コラム１１)をする際、および、③日々の業務を進める上での行動基準を定める際、これらの時に準拠すべき具体的な枠組みとすべきな事項を方針の中に明示することを求めている。

　事業改革の戦略に合わせてトップが練り上げたこれらの内容を、マネジメント方針として明確に提示する。これが、全員参加によるＩＳＯを効果的に機能させるための前提条件となる。

コラム１１：「レビュー」とは　？

「レビュー」もＩＳＯにはよく出てくる片仮名用語である。これは日本人に分かりづらい用語の筆頭かも知れません。「見直し」と和訳されることがあるが、「見直し＝変更（または改訂）」すなわち、「見直し」と「変更」が同じ意味であると誤解されているケース多い。

ぴったりの日本語訳は無い。『内容を詳細に吟味する』が、比較的近い意味である。

ＩＳＯで使われている「レビュー」の他の例を挙げておく：

　　　①文書のレビュー、②マネジメントレビュー、
　　　③設計・開発のレビュー、④是正処置および
　　　予防処置の有効性のレビュー、⑤製品に関連
　　　する要求事項のレビュー。

上述したように、規格（ISO9001）は、マネジメント方針を定めるに当たり、「組織の目的（筆者注：設立目的、経営目的、など）に対して適切である」ことを求めている。自社に既に明確な経営ビジョン、経営理念や経営目的がある場合には、マネジメント方針の内容をそれらと整合させる必要があることは言うまでもない。また、もしもまだそれがない場合には、自社の存続と発展の原点を明確にする良い機会と捉えて、それを作成するべきである。

　また、規格（ISO14001）は、マネジメント方針を定めるに当たり、「組織の活動、製品及びサービスの、性質、規模、及び環境影響に対して適切である」ことを求めている。自社の事業活動や市場へ提供する製品・サービスと環境との接点がどこにあり、その接点を通して環境にどのような影響（有害な影響だけでなく、有益となる影響(コラム１２)をも認識する）が及んでいるか。

　それらの環境影響のうち自社にとって事業上の重要度が高いものに着眼して今後の事業活動を推進する。このような観点からの検討結果を反映した内容のマネジメント方針とする必要がある。

　一例を挙げれば、①車体の軽量化による燃費向上、②ハイブリット化による燃費向上、③エンジン性能向上による排気ガス中の NOX 濃度の低減、等の有益な環境影響に着眼して事業活動の主軸を「エコカー」へシフトさせる方針を定めて、各社が全社一丸となって業務改革を進めたことが、今日の世界の自動車市場に於いてわが国の業界を優位に位置づけている主要因と言えよう。

コラム１２：「有益な環境影響」を探せ

環境に有益な影響、すなわち、環境上のプラス面の変化のことをいう。例えば、旧式の電気冷蔵庫やテレビを使用することは、電力を低効率で余分に消費して地球温暖化を促進するため、環境に対して有害な影響を及ぼすことになる。

他方、省エネタイプの家電製品やハイブリッドカーは、使用時の電力やガソリンの消費量を従来機種と比べて大幅に減らすため、地球温暖化のスピードをゆるめる。この意味で、環境にとって有益な影響を及ぼすと言える。

また、使用済みの製品を解体し、その部品を製品メーカーへ戻して再び製品に組み込むことを可能とする製品設計が普及しつつある。これは資材の利用効率を高めて、資源の枯渇を抑制するという観点から、環境に有益な影響と見なすことができる。

繰り返しになるが、マネジメント方針の内容は、経営トップが事業戦略として導入したＩＳＯマネジメントシステムの運用を通して実現したいと考える、自社の明日の姿を明示した内容とする必要がある。その内容を社内の一人ひとりに、各自の担当業務と関連づけて確実に理解・実践させる。これもまた、トップの重要な役割として規格は求めている。

　トップが決定したマネジメント方針を実現するためには、全従業員が、その内容を自らの業務に置き換えて具体的に理解する必要がある。方針に照らして各自の業務の内容を改善・改良するための工夫を重ね、その実現に必要な活動について、Ｐ（計画）Ｄ（実行）Ｃ（確認）Ａ（アクション）のサイクルを回すことが、本来業務としての日々の業務と一体化した ISO マネジメントシステム活動となる。

　万一、トップが決定したマネジメント方針が抽象的な内容のみの作文であった場合には、そのような方針を受けた各部門は、具体的な取組み内容を決める際に困難を生じることになる。そして、それぞれの持ち場で方針に沿った業務を実施するためのＰＤＣＡのサイクルを回す活動に支障をきたすことになる。

　すなわち、目標の設定や重視すべき業務プロセスの決定に関し部署間の活動ベクトルが揃わず、全社一丸の展開に混乱が生じることになる。また、マネジメント方針の達成度(コラム１３)の評価も難しくなる。

コラム１３：マネジメント方針の達成度

マネジメントレビューを行う際、経営トップは、レビューの対象期間内の運用実績を詳細に吟味しなければならない。その際、自らが決定したマネジメント方針の実現の程度を評価することが肝要である。

方針や、目標の達成率など成果に不足がある場合には、システム上の原因がどこにあるのかを見極めて、その原因を取り除くことにより類似の不足を再発させないために必要な「仕組みの改善」を指示する必要がある。

このような場合、マネジメント方針は、実質的な意味を持たず、単なる「お題目」に過ぎなくなってしまう。ＩＳＯを導入したにも関わらず期待したような成果を得ていないケースに多く見られる原因は、この抽象的で「お題目」でしかないマネジメント方針である。

　　トップはこのことを十分に自覚しマネジメント方針の決定に際してはそれを数字や、数字に出来ない場合には到達点毎のステップの内容を明確にし、どのステップまで到達すべきかを示すなど、その達成度を測る尺度を明確にする必要がある。また、その実現の時期をも枠組みの一つとして明示すべきである。

　　上に述べた観点より、マネジメント方針として、「適切な例」と「適切でない例」を次に示す。

マネジメント方針作成のポイント

トップが実現を目指している自社の明日の姿に関し次の三つの面からトップの意図が明確になっているか：

　　①自社の今後の事業の柱として、取るべき方向
　　② 意図したパフォーマンスを計るための指標またはモノサシ
　　　及びその到達点
　　③ パフォーマンス到達点に至る達成時期

【適　切　な　例】

1.　北米市場での低公害ディーゼル車の販売台数を３年後に現在の
　　３倍、１００万台に引き上げる。
　　○この例の

① 取るべき方向：北米市場での低公害ディーゼル車の販
　売
②意図したパフォーマンス：評価指標/販売台数、到達点/
　現在の３倍（１００万台）

③パフォーマンスの達成時期：３年後

2．顧客への製品納期を５年後に現在の１／２に短縮する。

　　○　この例の
　　　①　取るべき方向：納期短縮
　　　②　意図したパフォーマンス：評価指標/製品納期、到達点/
　　　　現在の１／２、
　　　③　パフォーマンスの達成時期：５年後

3．　グループ社の世界中の生産拠点から排出する CO_2 の総量を今
　　後３年間で２００６年度に比べ３０万トン減らす。

　　○　この例の
　　　①　取るべき方向：CO_2 排出量の削減、
　　　②　意図したパフォーマンス：評価指標/グループ社の世界
　　　　中の生産拠点からの排出量、到達点/２００６年度に比
　　　　べ３０万トン減らす。
　　　③　パフォーマンスの達成時期：３年後

4．事業活動による CO_2 の全放出量に等しい量の CO_2 の削減を、
　　太陽電池および省エネ製品の販売により 2020 年度迄に達成す
　　る。
　　○この例の

　　　①取るべき方向：太陽電池と省エネ製品販売による事業活
　　　　動から放出する CO_2 量の相殺

②意図したパフォーマンス：評価指標/ 放出 CO2 量の相殺率、
到達点/全放出量の完全相殺

③パフォーマンスの達成時期：2020 年度

5. 宅急便１個あたりの CO2 排出量を２０１２年度に２００５年
度比３０％減する。
　　○この例の

　　①取るべき方向：宅急便１個あたりの CO2 排出量の削減

　　②意図したパフォーマンス：評価指標/２００５年度比削減
率、到達点/２００５年度比３０％減

　　③パフォーマンスの達成時期：２０１２年度

6. ２０１２年度までに非食用系バイオ燃料を使用する貨物軽自動
車を首都圏で最低１５０台運行する。

　　○この例の

　　①取るべき方向：非食用系バイオ燃料使用の貨物軽自動車を
首都圏での運行。

　　②意図したパフォーマンス：評価指標/自動車運行台数、到
達点/最低１５０台

　　③パフォーマンスの達成時期：２０１２年度

【適 切 で な い 例】

1. 北米市場へ低公害ディーゼル車を投入する。
　○この例の

　①取るべき方向：北米市場への低公害ディーゼル車の投入

　②意図したパフォーマンス：評価指標/ 不明

61

　　　　到達点/ <u>不明</u>

　　　③パフォーマンスの達成時期 / <u>不明</u>

2.　燃料電池車を日米市場で投入する。
　　○この例の

　　　　①取るべき方向：燃料電池車の日米投入、

　　　　②意図したパフォーマンス：評価指標/<u>不明</u>

　　　　　到達点/ <u>不明</u>

　　　　③パフォーマンスの達成時期 / <u>不明</u>

3.　エコ製品の売り上げ比率向上を通してマネジメントシステムの
　　有効性の継続的改善を進めます。
　　○この例の

　　　　①取るべき方向：エコ製品の売り上げ向上によるマネジメン
　　　　トシステムの有効性の継続的改善

　　　　②意図したパフォーマンス：評価指標/ <u>不明</u>

　　　　　到達点/ <u>不明</u>

　　　　③達成時期/ <u>不明</u>

4．顧客重視の経営を実施するため、トップから職場レベルに至る実
　　施体制を構築します。

　　○この例の

　　　　①取るべき方向：顧客重視経営のための実施体制構築

　　　　②意図したパフォーマンス：評価指標/ <u>不明</u>

到達点/ トップから職場レベルの全階層を包含する体制構築

③ パフォーマンスの達成時期/ 不明

5．お客様からの苦情やクレームに迅速にかつ親身に対応するため、従業員に対し継続的なお客様教育を実施する仕組みを作ります。

〇この例の

①取るべき方向：苦情やクレームに迅速かつ親身に対応する継続的お客様教育の仕組み作り

②意図したパフォーマンス：評価指標/ 不明、到達点/ 不明

③パフォーマンスの達成時期/ 不明

6．限りある資源の効率的利用、再利用、再資源化を推進して環境負荷を低減することにより汚染を防止します。

〇 この例の

①取るべき方向：資源利用の改善よる環境負荷低減

②意図したパフォーマンス：評価指標/ 不明

　　到達点/ 不明

③パフォーマンスの達成時期 /不明

　ＩＳＯマネジメントシステムの柱となるマネジメント方針（コラム１４）とは、上述したように、環境/品質両面からのマネジメント戦略として、どのような方向の事業改革と業務改革を実施して、より競争力のあるビジネスを確立するか。すなわち、その具体的な「取組みの方向」と「達成すべきパフォーマンスレベル」の経営トップによる公式表明である。

百年に一度ともいわれる世界的な構造的不況下で、企業が生き残り発展を続けるために、自社のビジネスを競争力のあるものとするためには改革のためのマネジメント戦略の確立が極めて重要であることは言うまでもない。現状を打破し、自社を変革するための、中長期のマネジメント戦略を立てることこそ、経営トップが取り上げるべき最優先課題の箸である。

コラム１４：「マネジメント方針」余話

　マネジメント方針は、『方針管理』における『方針』と表現が類似しているが、両者の内容には大きな違いがある。

　「方針管理」は、組織強化の管理技術として１９７０～１９８０年代に、多くの日本企業が導入した「ＴＱＣ」を実施する際に、経営トップの管理ツールとして導入されたもので【管理強化のための方針】と言える。

　それはトップが方針を示しその達成状況をチェックする点はマネジメント方針」と同じであるが、その内容は組織の統制を強め社員の画一化につながるのものであった。そのため組織内に不要な犠牲を強いるケースもあったようである。

　本書で述べる、「マネジメント方針」は、マネジメント戦略の柱として、付加価値を生む企業の明日の姿を明示するものであり「ＴＱＣ」のそれとは性格が異なる。

（参考：「日本的経営の興亡－ＴＱＣはわれわれに何をもたらしたのか」徳丸壮他、ダイヤモンド社 1999 年 8 月）

中長期のマネジメント戦略とは，すなわち「中長期の明確なマネジメント方針」を設定することである。方針の設定に当たっては、その達成度を評価するための評価指標（モノサシ）を付すことが不可欠である。マネジメント戦略の要となるマネジメント方針が確立し、それを実現するために各部署の中長期目標の設定，および、年度目標へと展開する。これらの目標の設定についても、その達成度を評価するためのモノサシが必要であることは言うまでもない。

中長期のマネジメント方針の設定に当たっては、先ず計画期間を通して全社で取るべき事業の方向と到達すべきゴールを明示する。換言すれば、環境保全、品質向上、及び顧客満足の向上の面より「期間内に達成すべき事業上の重要なパフォーマンスのレベル」と「そのパフォーマンスを達成するために取るべき具体的手段」を決定するために必要な枠組みを明示することである。

年度目標を達成するための実行計画への展開に当たっては，目標達成のために必要となる新しいチャレンジともなる具体的な施策または手段を明確にしてこれを実行する。その際、この計画を実行すれば年度末での目標達成が見通せる内容にまで練り上げた内容とすることが重要である。

なお、マネジメント方針の設定に関しては、経営トップの三つのコミットメント(前出のコラム３)など、以下に示す両規格の要求事項を満たすことが必要である。

【マネジメント方針に関する規格の要求事項】

ISO9001 の要求事項：

品質方針は、組織の目的に対して適切な内容

であること。

すなわち、品質方針が、自社の目的に対して適切な内容であることをISO9001は求めている。「マネジメントの父」と呼ばれる P.F.ドラッカーによれば、「そもそも一つの組織において、共通のものの見方や理解、統一された方向づけや努力を実現するには、『われわれの事業は何であり、また何であるべきか』ということについての定義が不可欠である。

また、『誰が顧客か』という問こそ、企業の目的と使命を定義するうえで、第一に重要な問である。この問に対する答えによって企業が自らをどう定義するかがほぼ決まってくる。『企業の目的と使命を定義できないことが、挫折と失敗の大きな原因である』と述べている。

（抄訳「マネジメントー課題・責任・実践」P.F ドラッカー、
上田惇生訳、ダイヤモンド社 1990 年 1 月、より抜粋）

ISO14001 の要求事項：

> 環境方針は、組織の活動、製品、及びサービス
> の性質、規模、及び環境影響に対して適切な内
> 容であること。

すなわち、自社の活動、製品、及びサービスと環境との接点から環境へ及ぶ影響について、とりわけ、経営戦略上の観点よりこれを重視してゆく必要があると決定した幾つかの環境影響に対して、十分に対応した内容であることをＩＳＯ１４００１は求めている。

例えば、A社、B社の二つの企業が類似した製品（又はサービス）を市場へ提供していたとしても、経営戦略上の重要な要素として、A社、B社が取り上げる環境との接点（すなわち、温暖化防止、低炭素化、省エネ化、省資源化、リサイクル可能設計、などの環境側面）には違いがあって当然であろう。したがって、その違いを反映して作成されるA社、B社のマネジメント方針の内容は、各社毎に個性のある「その企業固有のもの」となるべきものである。

トップは、マネジメント方針の設定に先立って、自社の事業活動と環境との接点、とりわけ、自社の提供する製品やサービスと環境との関わりを十分に把握し、自社のマネジメント戦略の重要部分として、環境との関わりをどのように位置づけそれを活用するかを明確にしなければならない。

自社の活動、及び、自社が提供する製品やサービスを通して、環境へどのような有害及び/又は有益な影響(コラム１２)を現時点で及ぼしているか。また、潜在的には今後どんな影響を及ぼす可能性があるのかを明確にした上で戦略を決める必要がある。

　中長期マネジメント方針には上述した二つの規格要求事項を満たすことに加えて、経営トップとしての次の三つのコミットメントを含めることを、規格は求めている。

【経営トップの三つのコミットメント】

　1)　継続的改善に関するコミットメント

マネジメント方針に沿って自社の環境パフォーマンスを継続的に向上させ、また、製品要求事項を満たす能力を継続的に高めて顧客からより可愛がって貰うために、ＩＳＯマネジメントシステムの有効性(コラム１５)及びシステムを構成している各プロセスの有効性を不断に高めることに、全力投入することについてのトップの公的な意思表明である。

コラム１５：「システムの有効性」とは？

規格はシステムの有効性を次のように定義している：

「計画した活動が実行され、計画した結果が達成された程度。」例えば、トップが決定したマネジメント方針、各部門で設定した目標、内部監査プログラム、教育・訓練プログラム、などで計画された内容が達成された度合い。

2) 汚染の予防に関するコミットメント

ＩＳＯ１４００１が対象としている環境汚染の予防には、汚染の発生量の低減、発生源の排除、プロセス・製品又はサービスの変更、代替材料又は代替エネルギーの使用、再利用、回収、リサイクル、再生、処理、など広範なアプローチが全て含まれる。これらのうち自社の経営戦略と合うものに的を絞り、それを取り上げて確実に実行することに全力投入するとのトップの公的な意思表明である。

3) 法令・規制要求、顧客要求、及びその他の要求事項を順守するコミットメント

法規制の順守、及び顧客要求事項を満たすことは企業の社会的責任として、また、企業のリスク管理上も当然のことである。しかし、近年、それのみでは企業の経営リスクに対する備えとしては十分ではないとの考えが広まりつつある。

このような観点より例えば自社が所属している業界が環境保護策として取り決めている業界基準、また地球環境保護関連の国際条約なども入手し（これらの情報は、インターネットを利用すれば容易に入手できる）その内容を吟味し、顧客、潜在顧客、地域社会、地域環境、地球環境、生物多様性、などとの共生を維持していく上で経営戦略上重要であると考えるものについては、これを順守の対象と位置づけて明示する。当然これらの項目についても法的要求事項と同様に確実に順守することに全力投入することを、トップとして公式に意思表明する。

　以上述べたように、企業の経営トップが定めるマネジメント方針は、個々の企業の戦略に沿って各社毎に固有な内容となるべき性格のものである。

　もしも『審査だけのため』との安易な考えで他社のマネジメント方針をコピーして流用するようなことがあれば、その方針の実現に取り組まされる従業員は、自社の事業の役に立たない全く意味のない活動を強いられることになる。この点についても経営トップ層の十分な理解が必要である。

　マネジメント方針の実現は経営戦略として取り組んだ事業改革及び業務改革の達成を意味する。得られた成果は、企業のその後の飛躍の核となるものである。

　トップマネジメントをはじめとする企業の経営層は、このような意味を持つマネジメント方針の実現に必要な人材、技術・設備、資金、情報などの経営資源のニーズを的確に把握して、それを確実にまたタイムリーに充当する必要があることは論を待たない。

まとめ

● 企業内の各部門が目標を設定する時に準拠すべき枠組み、また、各部門で業務上のルールや運用基準を定める際にも準拠する枠組み、このような枠組みをマネジメント方針の中に具体的に明示することを、ISOは求めている。

● マネジメント方針の中にトップが実現を目指す自社の明日の姿として次の三点を明示する必要がある。①自社の今後の事業の柱とする方向と達成すべきパフォーマンスのレベル、②パフォーマンスの達成度を評価するためのモノサシ、③パフォーマンスレベルの達成時期

● 自社の事業活動及び自社が提供する製品・サービスと環境との接点を通じて環境に及んでいる（又は潜在的に及ぶ可能性のある）影響のうち、経営戦略としてどれ取り上げて事業改革に取り組むかを決定し、それを反映した内容のマネジメント方針を決定することをISOは求めている。

● 企業が生き残りと発展を維持するために不可欠な中長期のマネジメント戦略とは、「中長期のマネジメント方針」を策定・実施することである。中長期のマネジメント方針を実現するためには、方針を受けて設定する中長期目標および年度目標の社内各部署への展開、及び、それら目標の必達が欠かせない。

7章 「方針〜目標」を達成するのための実行計画

経営トップがマネジメント方針の中に明示した枠組みに沿って、各部門及び/又は各活動領域は、業務改革を進めるための挑戦ターゲットとしての目標を設定する。また、担当する業務が方針の枠組みから外れないように業務を監視するための指標（及びその運用基準）を定める。

　目標の設定については、その達成率の算出法（すなわち、達成の度合いを評価するモノサシ）を明確にした、「モノサシ付きの目標」とすることが基本である。設定した目標については、それを達成するための具体的な実行計画を作成する。また、業務毎に設定した運用基準を維持管理するための仕組みを計画する。

　トップは、また前章で述べたように、マネジメント方針の中で三つのコミットメントを行う。これらのコミットメントを確実に履行するための仕組みを計画する必要がある。また、環境リスク、品質リスクの両面より、自社にとって潜在的にどんなトラブルが発生し

得るかを事前に調査し、重大なリスクがあると判断されるものについては、予防策を講ずる。また、万一の発生に備えるための仕組みを計画する。

　これらの全ての要件を満たすためのＩＳＯマネジメントシステムの計画づくりを両規格（ISO9001　条項 5.4.2 及び ISO14001 条項 4.3.3，条項 4.4.6）は求めている。各計画づくりをどのように進めるかについて以下に述べる。

【１】目標必達のためのシステム計画

　トップが決定した中長期のマネジメント方針（企業全体として達成すべき目的又は中長期目標を含む）を受けて企業内の各部門、および、各活動領域では、それを実現するための中長期目標、および、年度目標を設定する。また、年度目標を達成するための具体策としての実行計画を作成してそれを実行する。

　実行計画の作成に際しては、設定する目標毎に、①目標の達成責任者、②目標達成のために不可欠となる（複数の新規な：筆者による加筆）手段 、③その具体的手段の一つひとつについてのタイム・スケジュール、を明確にすることを規格は求めている。

　なかでも、現状レベルからのジャンプを意味する目標を達成するための手段に関しては、何等かのチャレンジ、すなわち、これまでの業務では未経験な新しい取り組みを計画に組み込むことが必要となる。目標のレベルまでパフォーマンスをジャンプアップさせるためには、これまでに実施したことのない新しい挑戦が必要となる。この未経験な手段への取り組みが業務の改革につながる。

実行計画にチャレンジングな取り組み内容を十分に組み込めるか否かが目標達成の成否を決める最重要ポイントとなる。ジャンプする目標の高さにもよるが、その達成のためには、実行計画の中に未経験の複数の取組み手段を盛り込むことが必須であろう。繰り返すが、このような新しい手段に裏付けられ、目標達成が見通せるレベルにまで具体的に練り上げた内容の実行計画を策定できるか否かが、マネジメント方針実現の成否を決める決定的なポイントとなる。

　業務上のこのような新しい工夫、または、新しい手段の採用を通して初めて、事業・業務プロセスの改革が実現される。プロセスの改革の結果として、これらのプロセスから構成されるＩＳＯマネジメントシステムの改革が実現する。実行計画の参考例を、参考４「部門目標の実施計画展開シート」に示す。

【２】その他の重要なシステム計画

　マネジメント方針を実現するための計画は、目標達成のための実行計画の策定が全てではない。マネジメント方針として示されている環境面及び品質面の「行動の枠組み」から外れないように、業務プロセス毎のパフォーマンス指標を定め、それを適切なレベル範囲に維持するための管理、および、そのための監視活動の計画が必要となる。また、トップがマネジメント方針の中でコミットした三つの約束を履行するための活動の計画も必要である。

（１）　三つのコミットメントを履行する仕組みの計画

　前章で述べた①継続的改善、②汚染の予防、③法令・規制要求事項、製品要求事項、及び組織が同意するその他の要求事項の順守、これら三つを実行するための仕組みを計画する。

①継続的改善のためのシステム計画

　トップがマネジメント方針の中でコミットすることの一つが、ＩＳＯマネジメントシステムの継続的改善である。換言すれば、ＩＳＯマネジメントシステムのシステムパフォーマンスを、繰り返し向上させることに不断の熱意をもって全力投入することである。その際、ＩＳＯマネジメントシステムのシステムパフォーマンスをどのような尺度で測るかが、ポイントとなる。

　ＩＳＯの両規格は、マネジメントレビューにおいて、ＩＳＯマネジメントシステムが「適切」、「妥当」かつ「有効」であることを確実にするためのレビューを経営トップに求めている。企業全体としての環境パフォーマンスおよび品質パフォーマンスの継続的改善のレベルを、マネジメント方針の内容と整合させるためである。また、内部監査に対しても、マネジメントシステムが「適切」かつ「効果的」に実施され維持されているかどうかの検証を求めている。

　これらのことより、ＩＳＯマネジメントシステムのシステムパフォーマンスを測る尺度が、「有効性」「適切性」「妥当性」であることが分かる。これら三つの相互に類似した意味の違いについては、ＩＳＯ用語の定義規格（JIS Q9000）に説明がある。

　煩雑を避けシンプルなＩＳＯとするためには「有効性」を尺度に用いるとよい。「システムが企業にとって効果的かどうか」、すなわち、マネジメントシステムの「有効性」をシステムのパフォーマンスを測る尺度とすることを筆者は推奨する。

ＩＳＯマネジメントシステムについての「有効性」の意味は「コラム１５」に示す通り明解である；「計画した活動が実行され、計画した結果が達成された程度」、すなわち、「計画の進捗率」と計画で設定された「目標の達成率」である。

　上に述べた様々な観点よりＩＳＯマネジメントシステムを継続的に改善するための仕組みを計画する。

②汚染の予防のためのシステム計画

　「汚染の予防」として規格が対象とする範囲は、前章で述べたように極めて広い。汚染物質の発生量の低減、発生源自体の排除はもとより、代替材料や代替エネルギーの使用にまで及ぶ。

　このような広い範囲から、組織にとって戦略的に重要なもの、例えば、経営トップが、地球温暖化の元凶である CO_2 排出量の削減を、自社の事業戦略の要として取り上げ「CO_2 を排出しない暖房機器を３年以内に国内市場投入する」を枠組みの一つとしてマネジメント方針の中に組み込んだケースを考えてみよう。

　各部門または活動領域ではこの枠組みを受けて、例えば、「CO_2 を排出しない新型暖房機器の試案モデル作成」、又は「CO_2 を排出しない新型暖房機器の国内市場規模の試算」、又は「CO_2 を排出しない新型暖房機器の、国内マーケティング手法の確立」などを目標の一つとして取り上げる内容の「汚染の予防のためのシステム計画」とすることも可能である。

③ 法令・規制要求事項、製品要求事項、及び組織が同意

するその他の要求事項の順守のための仕組み作り

本項に関しては、リスク管理の観点より細心な内容の仕組み作り（システムの計画）が必要である。両規格の関連要求事項を満たすには以下のステップよりなる仕組み作りが必要となる。

A）要求事項を確実に認識する仕組み：

　法令・規制上の要求事項であれ製品要求事項であれ、知らなかったでは済まされない。関連情報の確実な入手、自社に該当するか否かの的確な判断、該当する要求事項を一つひとつ具体的に明示、するための仕組みを計画する。

B）要求事項を周知する仕組み：

　前項で明示した要求事項に直接関わる業務を担当する部門または活動領域の人々が、守らねばならない要求事項の一つひとつの具体的内容をいつでも見てその内容を確認できる仕組みを計画する。

C）要求事項の順守に必要な管理の仕組み：

　各部門または活動領域で要求事項を確実に守るためのルールを作りそれを実施することを計画する。

D）ルールが守られているかどうかの監視および測定の仕組み：

　要求事項の順守に直接関わる人々が順守に必要なルールを守っているか否かを日常の業務を通して監視又は測定し、その結果を記録して保管する仕組みを計画する。

E）順守状況を確認する仕組み：

　前項で述べた監視・測定記録と A)により明示されている要求事項を照合し、要求事項が順守されているか否かを確実に判断できる仕組みを計画する。

（2）顧客重視および環境パフォーマンスを維持するための仕組みの
　　計画

　顧客の満足、不満足に直接つながる業務上のパフォーマンス、例えば、

　a) 製品及び / 又はサービスの要求事項が確実に満されているか否かを確認する検査業務、

　b)見積書の提出や注文受諾の前に、その内容の適切性や自社の供給能力を総合的に確認する業務、

c)引き合い、受注契約、契約変更、苦情等を含む顧客からの様々なコンタクトについて、顧客との窓口となり迅速に対応する業務

　これらの業務のパフォーマンスについて、常に顧客の目線よりそのレベルを適切な範囲内に維持する。それにより「顧客満足」の掛け声だけでなく、顧客満足度を確実に向上させる仕組みを計画する。

　経営戦略の面より、優先的に取り上げる対象とした重要な環境影響（業務と環境との接点を通して生じる環境面の変化）のうち、目

標設定の対象にはしないが、その環境影響のレベルを、方針が示す枠組みから外さないように維持するために必要な仕組みを計画する。

　環境影響のレベルを適切な範囲内、すなわち、その環境影響の管理に関わるパフォーマンスのレベルを適切な範囲に維持するためにＰＤＣＡサイクルを確実に回す仕組み作りが、計画作成上の重要なポイントとなる

（３）リスク管理の仕組みの計画

　広域に渡る、または回復の難しい環境汚染などの環境リスク、法令違反リスク、製品リコールなどの品質リスク、顧客離反リスク、市場との乖離リスク、等々、経営に関わるリスクがこの数年、多様化してきている。ある日突然に、組織が抱え込むことになるかもしれない様々な潜在的リスクを事前に認識し、評価し、対応するための仕組みの計画である。

　上に述べた（１）、（２）、（３）全ての仕組みを、トップがマネジメント方針の中に示した枠組みに合うように構築する。また、業務（又はプロセス）毎に重点的に監視すべきパフォーマンス指標とその適切なレベル範囲（運用基準）を定め、その維持のために確実にＰＤＣＡサイクルを回す仕組みとしての計画作成である。

まとめ

●ＩＳＯの成果を確実に得るためには、目標の設定に際しその達成率を算出するための具体的な指標（またはモノサシ）を明確にした「モノサシ付きの目標」とすることが重要である。

●目標達成のための実行計画の作成については、これまでに業務上でまだ経験していない新しい手段・施策を実行計画に組み込む、すなわち、この施策を実施すれば目標達成のレベルにまでジャンプアップできるとの見通しが得られる手段を計画に組み込めるか否かポイントとなる。

●目標達成のための計画に加えて、方針の中でトップがコミットしている三つの約束を履行し、また、方針に示す「行動の枠組み」から外れないように日々の業務を実行するための計画作りも必要である；この計画は、業務（またはプロセス）毎に、重点的に監視すべきパフォーマンス指標とその適切なレベル範囲を定め、その維持・改善のための、ＰＤＣＡサイクルを確実に回す仕組みを計画することが基本となる。

8章　フローチャート式手順書

ＩＳＯマネジメントシステムの構築に当たり、規格はシステムの運用に必要な管理文書の作成を要求している。要求されている文書を、環境ＩＳＯ（ISO14001）と品質ＩＳＯ（ISO9001）のどちらの規格がそれを要求しているのかの区分けと共に以下に示す。

1）　　文書化した方針(品質、環境)
2）　　文書化した目的および/または目標(品質、環境)
3）　　役割・責任・権限の文書化 (環境)
4）　　ＩＳＯマネジメントシステムの主要な要素（またはプロセス）間の相互関係に関する記述(品質、環境)
5）　　著しい環境側面；環境配慮の視点より経営戦略の一環として優先的に取り上げることを企業が決定した「事業・業務と環境との接点」をリストアップしたもの　(環境)
6）　　品質マニュアル及び規格が要求する次の６つの「管理手順書」　(品質)：
　　①　文書管理手順②品質記録の管理手順　③内部監査手順
　　④不適合製品の管理手順　⑤是正処置手順⑥予防処置手順

7）　　プロセスの効果的な計画・運用・管理を確実にするために組織が必要と決定した文書(品質、環境)

上に挙げた７つの文書のうち、１番目から５番目までの文書はシンプルにする工夫をすれば１〜２枚の表またはフローシート（Ａ４またはＡ３サイズ）としてまとめることが可能である。

　６番目に挙げた６つの手順書は、組織が構築したＩＳＯマネジメントシステムの効果的な計画・運用・管理を確実にするために企業自身が決める社内ルールの記述である；既存のものがあればそれをそのまま利用しても差しつかえない。

　また、７番目の文書は、作成の要否を企業自身で判断し、必要と考えた場合にのみ作成すればよいものである。社内ルールとしての手順書など無くても全従業員が、マネジメント方針に照らして業務の品質と環境を十分に配慮した業務を実施できていると判断出来れば、「手順書は不要である」とすることも許容される。

　したがって、作成がどうしても必要なのは、第６番目の６つの手順書（既存のものがない場合）のみと考えてよい。

手順書の内容は、業務や活動を高い品質レベルで効率よくまた環境への影響を十分に配慮しながら実施するための社内の取り決め（又はルール）である。すなわち、日常業務を進めるための５Ｗ１Ｈである。「誰が：Who」「どのような目的で：Why」「何時：When」「何を：What」「何処で：Where」「どのように：How」などの内容である。

　大きな組織ではひとつの手順書が数ページから十数ページに及ぶものも多く、手順書の数が増えれば全体としては膨大なページ数になる。比較的小規模な企業の場合でも、大企業出身のＩＳＯコンサ

ルタント氏の指導で、身の丈に合わない重厚な手順書を作成している例も少なくない。

　長い業務文書を読むことは誰にとっても苦痛である。膨大な（分かり易く書かれていない場合が多い）ページ数の手順書を読みこなすことは、それに要する時間を都合するだけでも容易なことではない。

　これらの手順書は、マネジメント・レプリゼンタティブ、内部監査プログラム管理責任者及びＩＳＯ事務局担当者など少数の人々を除く多くの部署の従業員には精読・利用されていないことが多い。この場合、手順書の内容が業務の現場にまで浸透しないのは当然である。これが十数年に渡って多くの審査現場で筆者が日常的に経験してきた事実である。

　このような経験に基づきお勧めしたいのは、長い文章を避けたシンプルな手順書の作成である。ひとつの手順書を、１枚のフローシート、ブロックダイアグラム、または、表など、にまとめ上げる。これらのフローシートなどを見れば上述した５Ｗ１Ｈが一目でわかるように業務の内容を整理して示せばよい。

　フローシートなどにまとめた手順書を関連部署の作業現場近くに、作業者の誰でもが見える位置に貼り出すのがよい。これが手順通りの業務を徹底させる簡単で最良の方法であろう。フローシート式手順書の参考例を、参考６「フローシート式手順書の例（文書管理手順書）」に示す。

まとめ

● ＩＳＯマネジメントシステムの構築に当たり、規格が組織に作成を義務づけている文書の数は決して多くない。「方針書」や「役割・責任・権限表」のように、一枚のシートにまとめられるものを除けば、文書管理手順書、記録管理手順書などの六つの手順書のみである。

● これらの手順書は、その組織内における業務の５Ｗ１Ｈの取り決めを記述したものである。文章とすることを避け一見すればその５Ｗ１Ｈが分かるフローシートまたは表形式に整理して示すのがよい。

9章　全員に進捗状況が見える仕組み作り

業務改善や事業改革を成功させるための鍵は、その活動状況を見えるようにして、ＰＤＣＡのサイクルを確実に回すことにある。すなわち、改善または改革を実現するために設定した目的・目標を達成するための実行計画の内容とその進捗状況及び達成状況を、社内の誰でもが、常に見えるようにすることである。

　トップマネジメントは、前章で述べたシステムの諸計画がスケジュール通りに進捗し、以下に示す四つの領域について狙い通りの成果が出ているか否かを、常に自分で見て確認できるツールをＩＳＯマネジメントシステムの一部として組み込むことが必要である。この「見える化」の仕組みがないために、十分なＩＳＯの成果が得られていないケースが多い。

　①マネジメント方針と整合するように設定した目標を達成するための実行計画の進捗状況、その結果としての目標の達成状況、および、期末における１００％目標達成の見通し状況

② 三つのトップコミットメントの履行状況
    h) ③顧客重視、および、経営戦略的に重視すると決めた業務上の環境パフォーマンスのレベルと品質パフォーマンスのレベルの維持状況環境リスク及び品質リスクを認識し、評価し、管理するための仕組みの機能状況

「見える化」を実現するには二つの方法がある。一つは、パソコンとイントラネットを利用する方法である。もう一つは、経営者の居室の壁および各部門エリアの見やすい場所にボードを設け、活動状況の週単位または月単位の最新情報を掲示する方法である。

第一の方法では、イントラネットと呼ばれる企業内ネットワークを用いる。社内のどこからでもパソコン経由で必要な情報を見えるようにする仕組みを作る。グループウエアと呼ばれる方式を利用すれば、離れた場所にある複数の事業所、支店, 工場等から見えるようにすることも可能である。

この方法は、ペーパーレス化をもたらす利点もあり、企業規模の大小を問わず多くの企業で採用が進みつつある。ＩＳＯの受審査時にこの仕組みを用いてペーパーレスで運用状況を提示する企業も増える傾向にある。しかしながら、筆者が審査員としてこれまでにＩＳＯの審査の場でその運用状況を見てきた限りでは、この仕組みが効果的に活用されているケースはまだ稀である。

ネットワークを利用して、見たい情報を自在に取り出せるのは、ごく少数のスタッフに限られるケースが大部分であった。筆者は直接見ていないが、前述したエヌケイエス株式会社における企業内ネットワークは現時点での数少ない成功例のひとつであろう。トップ

が本気で取り組んだ結果であろう。（参照：松尾茂樹著「ＩＳＯを活かしたシンプル経営入門」東洋経済新聞社）

　第二の方法では、「見える化ボード」を使用する。「見える化ボード」として経営者ボード（トップボード、事業部長ボード、工場長ボード、など）と部門ボード（部ボード、課ボード、など）を準備する。経営者ボードは、経営者が何時でもそれを見られるように経営者の身近に、例えば、社長席、事業部長席、工場長席の近くにある壁面を利用して業務の進展状況を貼り出す。

　経営者ボードには、以下の４種類の情報を貼り出す。各部門責任者は定期的に経営者ボード内の自部門のコーナーを最新版に張り替える。

A. 経営者ボード（トップボード、事業部長ボード、工場長ボード、など）

① 全社（又は、事業部、工場）目的・目標・実行計画

*　目的と目標の相互関係を示し、目標を達成すれば目的に到達することが見える掲示内容とする。
*　全社目標値と各事業部目標値及び各工場目標値を並べて示し事業部/工場が目標を達成すれば全社目標が達成されることが見えるようにする。
*　事業部（または、工場）目標値と各部門目標値を並べて示す。各部門が目標を達成すれば事業部（または、工場）目標が達成されることが見える内容にする。
*　全社、事業部、工場、及び部門、の目標値の年間に渡る達成計画線を表示し、そこへ毎月の実績値を記入して計画値との差異が一目で見えるようにする。

② 重点管理エリア
　＊ 法規制、安全規格等の要求事項の順守：

　　・要求基準を逸脱した場合にその内容を見えるようにする。

　＊顧客満足度調査

　　・実施する調査毎に、目的／調査方法／担当部署・責任者／実施スケジュール／進捗、を見えるようにする。

　＊リスク管理活動：

　　・対応の必要なリスク項目とその対応策の一覧表；環境リスク、品質リスク、アウトソース起因リスク、経営環境変化への対応不足リスク（経済環境変化、市場要求変化、法規制変化）など、を見えるようにする。

③ マネジメントシステムの継続的改善

　＊ 経営環境の変化を受けて改訂した方針・目的・目標の、変化への対応の程度を見えるようにする。

　＊ 是正・予防処置活動の実行によりシステムを改善した実績を見えるようにする。

　＊業務の「見える化」が改善・向上した程度を見えるようにする。

　＊システム及びシステム文書の簡素化の程度、すなわち、身の丈への合致程度を見えるようにする。

④ 発見された不適合（要求事項または基準が満たされていない業務または活動）、事故または苦情の発生に対する再発防止策を1件毎に決まった書式にまとめて、誰でもが見えるようにする。

B．部門ボード（部ボード、課ボード、など）

部門ボードは、事務所内または工場内の各部、各課、各グループなどに近いコーナーを利用して、壁または移動式のボード（3～4面の複数ボード）などに業務の進捗状況を貼り出す。

部門ボードの前に数名程度が座れる椅子とテーブルを置き、打ち合わせができるようにするとよい。各課長、各グループ責任者（または工程責任者）は1週間毎、1ヶ月毎等の結果をまとめて、上長の掲示ボード上の自分のコーナーを最新情報に貼り替える。貼り替え時を、部門内の報告・検討の場とすることも効果的である。

①部門目標・実行計画

＊部ボードには部目標、課目標及びグループ目標などを貼り付ける。

＊課ボード（またはグループボード）には個人目標のコーナーも設け一人ひとりの個人目標を貼り付ける。各目標値の一年間に渡る達成計画線を表示しそこへ毎月の実績を記入して計画値との差異が一目で見えるようにする。

＊部目標は、各課目標、各グループ目標（または工程目標）さらに、各個人目標へ展開する。部門責任者は、相互の関係が一目で見えるように貼る内容と位置を工夫する。

②重点管理
＊各課長、各グループ責任者（または工程責任者）は自部門の業務パフォーマンスを示す指標、及びその指標値の維持すべき範囲と実績値の推移を対比して示す。

＊異常・トラブルは、1件毎にボードの**「異常・トラブル処置表」**に記入する。記入項目は

　－異常・トラブルの内容

　－異常・トラブル発生業務の担当者

　－原因

　－対策

　－期限日

　－完了日

　－再発防止策の要否とその理由

＊再発防止が必要と判断された異常・トラブル／不良発生／顧客苦情等は、1件毎に**「再発防止対策表」**に記入しボードに貼り付ける。記入のポイントを<u>特定された根本原因を取り除くための対策</u>の的確な明示に置く。特性要因解析（魚の骨法）を実施することを義務づけるとよい。

＊見える化ボードの一つを**「不良発生号外」**専用とし工程（または製品）毎に発生した不良の情報がリアルタイムで誰でもが見えるようにする。

　　10数年程前から「見える化」を専門とする経営コンサルタントの指導を受ける企業が増えている。「見える化」の重要性に多くの企業が気づいた結果と言える。

ＩＳＯの全ての活動の第一歩は計画である。最初に「明確で具体的なマネジメント方針」とそれを実現するための「ちゃんとした実行計画」が作成されない限り改善・改革は成功しない。

　誰が見てもそれだけでちゃんと分かるように、内容を十分に吟味・整理した明確な計画を作成し「見える化ボード」に掲示する。

① 直属の上長の行動ベクトルと方向が合っているか。
② 現状レベルから抜け出す「ジャンプした目標設定」となっているか
③ 達成度を判定するモノサシは明確か。
④ 設定した年度目標のレベルは中長期の目標レベルと整合しているか。
⑤ 目標の達成を見通せる新規で挑戦的な複数の手段を盛り込んだ内容となっているか。
⑥ 手段毎の実施スケジュールを明確にしているか。

　計画の実行状況についても、誰でもが見られるように「見える化ボード」に掲示する。

① 実行計画の進捗状況、
② 進捗の結果、得られた目標の達成状況、
③ 現時点での達成状況より年度末における１００％達成を見通せるか否かを示す
④ １００％達成の見通しが得られない場合に実施する追加手段等の計画変更の内容（ＰＤＣＡのＡ：アクション）を明示

　このような見える化情報に基づき、トップがいつでも迅速な指示を出しＰＤＣＡのサイクルをタイムリーに回せる仕組みとすることが必要である。トップから各担当者に至るまでが大小様々なＰＤＣ

Aサイクルを確実に回すことにより、方針実現へ向けISOマネジメントシステムが確実に機能することになる。

　もしISOマネジメントシステムが十分に機能しない状態が発生したにも拘わらずそれが放置されるような事態が生ずれば、トップが決定したマネジメント方針は実現されずに単なるお題目になってしまう。当然、組織の革新も顧客満足の向上もリスク管理もおざなりになってしまうであろう。また、トップの決定したマネジメント方針がお題目として放置されるようなことになれば、社員がトップの言葉を信用しなくなるという深刻な事態も発生し得る。

　規格は、ISOマネジメントシステムが適切に運用されているかどうかを、あらかじめ定めた頻度でトップマネジメントが確認することを求めている（「マネジメントレビュー」ISO9001 条項 5.5, ISO14001 条項 4.6）。

　その際トップが確認すべきいくつかの具体的な項目を規格が定めている。なかでも、マネジメント方針で与えた枠組みに沿って、各部門・各活動領域が設定した目標の達成状況の確認は、ISOマネジメントシステムの運用に基づく成果を実際に出せているか否かを見極める上で極めて重要なポイントとなる。

　筆者がこれまでに、第三者認証審査で訪問した多くの企業において、規格が求める「マネジメントレビュー」の開催頻度は年に1回または2回のケースが大部分であった。また、殆どの場合1～2時間程度の短時間の会議が見直しの場とされていた。

マネジメントレビュー・アウトプットの内容は、ＩＳＯマネジメントシステムの計画と実施に関わるトップの指示及び決定という重要な意味を持つものである。しかしながら審査の現場で筆者が長年に渡って見てきたマネジメントレビュー・アウトプットの内容は、マネジメントシステムの改善に関するものではなく、日常の業務指示と何ら変わらない内容のものである例が多かった。

トップが描く自社の明日の姿の実現を目指して取り組んでいる業務改革のためのツール、としてのＩＳＯマネジメントシステムの有効性の評価という観点からは極めて乏しい内容のアウトプットと言わざるを得ない。

「マネジメントレビュー」は、経営トップがＰＤＣＡサイクルの「Ｃ」と「Ａ」を同時に実行する場である。ＩＳＯマネジメントシステムのシステムパフォーマンスを改善するための明確で具体的な決定と指示、すなわち的確な「Ａ（アクション）」をトップが取らない限り、次サイクルでのシステムの改善と成果の増大は期待できない。

規格が経営トップに求めているマネジメントレビューからのアウトプット(コラム１６)、すなわち「ＩＳＯマネジメントシステムのパフォーマンスを改善するために必要なシステムの改善（または変更）に関する決定及び処置」の記載例を参考７に示す。

コラム１６：マネジメントレビューのアウトプットこそが成功の鍵

　マネジメントレビューのアウトプットは、システムの運用実績がマネジメント方針に示したトップのコミットメントの内容に照らして、満足のゆくものかどうかをトップ自身が評価し、評価結果に対応するフィードバックとして出すものである。

　このアウトプットは通常の業務上の指示とは異なる。レビュー後の次のサイクル期間において、マネジメントシステムの有効性をより高めるために取るべきアクションをトップが具体的に指示するものであり、システムの継続的改善の鍵を握る。

　このような観点より規格は、アウトプットに以下の各項目の変更に関する、トップの決定および/又はアクションとしての指示事項を含めることを求めている。

　　① マネジメント方針、
　　② 目的（又は中長期目標）、
　　③ 年度目標、

　　④ＩＳＯマネジメントシステムを構成している各プロセス（又は業務上の仕組み）

自社の事業改革のための計画の進展状況の確認、その進展結果として得られた業務パフォーマンスの改善状況の確認、及び、確認結果に基づく次の行動へ向けての明確な決定。これらは企業の業績に直結するトップの重要な役割である。繰り返すが「マネジメントレビュー」は、トップが重要な意思決定をし、かつアクションを取る場である。

　効果的な「マネジメントレビュー」は、ＩＳＯマネジメントシステムの成果を確保するためには不可欠である。他方、トップが効果的なレビューをするためには、マネジメント・レプリゼンタティブが充実した内容のマネジメントレビュー・インプット情報をトップへ提供することが必要である。

　マネジメントレビュー・インプット情報には、前回の「マネジメントレビュー」以降のＩＳＯマネジメントシステムの運用実績を、トップが一見すれば具体的にその内容を把握できるように、いわば「ＩＳＯの運用実績を見える化」した資料として含める

　また、運用実績を分析しシステムのパフォーマンスをより向上させるためにマネジメント・レプリゼンタティブが必要と考える、システム改善の提案を具体に取りまとめたものをインプット情報として含める必要がある。

　この数年、多くの企業において「見える化」に注目し、そのための活動に取り組まれている。事業戦略上の重要な取り組みの進展状況、成果の達成状況などを、誰でもが常に見えるようにするためには、関連情報の整理と分析が要求される。

「ものごとを見えるようにする」ことは、企業の規模、文化、ビジネスの種類を問わずマネジメントの要諦である。確実な成果を求めるためには外せないポイントとなる。

　上に述べたように、充実したマネジメントレビューのために不可欠な効果的なインプット情報を作成するためのツールとして筆者が作成した「持続的成功のための運用実績評価ツール」を参考8として示す。

　これは昨年発行された「ISO9004/2009 組織の持続的成功のためのマネジメントー品質マネジメントアプローチ」の付属書Aで参考情報として提示している「自己評価ツール」を参考にして中堅・中小企業向けに筆者が作成したものである。

　「マネジメントレビュー」の実施方法については、様々な形がありうる。

　①「運用実績の報告」と「見直し」を同時に実施する会議を開催する

　②トップへ提出された「マネジメントレビュー・インプット」をトップ単独（または、マネジメント・レプリゼンタティブと共同）でじっくり分析・評価する

　③トップが各部門や活動領域へ出向いて、個々にヒアリングする、等々。トップが実施し易い「オレ流」で実施すればよい。

グローバル化の影響を受け様々な領域で起こりつつある経営環境の変化に迅速に対応するためには、トップマネジメントがＰＤＣＡを回転させる頻度が、１年に１～２回では不足するのではないかと考える。例えば、四半期毎の実施等より頻繁な「マネジメントレビュー」が変化への適切な対応ではないかと考える。

　「マネジメントレビュー」のアウトプットとしての「経営トップによる決定とアクション」を受けて、それを迅速にフォローアップするための仕組みが必要である。その仕組みの一部としてフォローアップのアクション内容とその進捗状況を組織内の誰でもが見えるようにする「見える化の仕組み」を組み込むことも重要である。

まとめ

●マネジメント方針の中でトップが示した到達点への到達状況，およ
　び四つのトップコミットメントの履行状況、を常にトップ自ら
　がチェックし確認できる「見える化ツール」を持つことが必要で
　ある。

●計画通りのISOの成果を得るためには、ISOマネジメントシ
　ステムの計画・運用の全貌を組織内の全ての人々に「見える化」
　することも重要である。「見える化ツール」としては、経営層席
　の近くや業務・作業現場の壁面に計画と運用実績を貼り出す「見
　える化ボード」を利用する方法が効果的と思われる。

●トップマネジメントによる「マネジメントレビュー」は、経営上
　の重要な意思決定とアクション指示の場である。効果的で中味の
　濃いレビューがなされるためには、レビューのためのインプット
　として、マネジメン・レプリゼンタティブがトップに提供する情
　報が内容の充実した質の高いものである必要がある。

●充実した内容のマネジメントレビュー・インプットを準備するた
　めの効果的なツールとして筆者が作成した**「持続的成功のため運
　用実績評価ツール」**を（**参考8**）に示す。

●マネジメントレビューのアウトプットとしてトップから出された
　決定及びアクション指示を迅速にフォローするための仕組みを、
　ISOマネジメントシステムの中に組み込むことが重要である。

１０章　トップの眼としての内部監査

規格は、自社のＩＳＯマネジメントシステムの運用が規格の要求事項に適合しているか否かを確認するために、内部監査を実施しその結果を経営層へ報告することを求めている。

　適合状況の検証対象となる要求事項は次の４つである；

1) 　ＩＳＯの規格要求事項
2) 　ＩＳＯの規格要求事項を満たすために自社のＩＳＯマネジメントシステムの文書（ＩＳＯマニュアル、規定類、手順書類、指示書類、など）の中で定めた決め事。
3) 　環境法規制及び自主的に定めた規制事項（自主基準、協定、など）
4) 　顧客要求事項／製品・サービス要求事項（関連法規制、製品規格、製品安全規格の要求を含む）

　適合性の検証に加えて規格が内部監査での検証を求めているもう一つの重要な領域がある。それは、ＩＳＯマネジメントシステムが、その企業のために効果的に実施されているか否か、また、ＩＳＯマネジメントシステムに影響を与える変化が社内外で生じた場合に、

その変化に適切に対応しているか否か。換言すればシステムの有効性の検証である。

　ＩＳＯマネジメントシステムが効果的であるということは、ＩＳＯの導入によりトップが目指している成果が達成され、またトップが決定したマネジメント方針に沿って業務上のパフォーマンスが向上するようにシステムが機能していることである。換言すれば環境パフォーマンスの向上、品質パフォーマンスの向上、及び、それらを支援するプロセスのパフォーマンスが計画通りに向上しつつあるということである。これらについての検証が必要となる。

　経済のグローバル化に伴い、このところ経営環境及び市場環境の変化が頻繁かつ大幅に発生している。また、地球温暖化に代表される様々な環境問題が多くの製品市場に大きな影響を及ぼしてきている。このような変化を認識しそれに迅速かつ柔軟に対応する。更に、変化の一歩先を読んだ対応を取るために、マネジメントシステムが適切に機能しているかどうかの検証も求められる。

　内部監査で検証対象となる事項は、経営トップが最大の関心を払う領域と一致させる必要がある。トップが最もその実態を知りたい部分である。適合性の検証とは、換言すれば、自社内の全部門及び/又は部門間にまたがる全ての業務・活動の現場で、マネジメント方針を受けて自社で定めたルールがちゃんと守られているかどうかの確認である。

　これらの確認は、前述した業務上のパフォーマンスの向上（もしくは維持）の検証に直結する。例えば、法規制を順守するために定めた日常的な管理活動や監視活動などの内容が現場で勝手に変更され、また万一、実施されていないなどの事態があれば、企業は直ち

に大きなリスクに直面することになる。これらの検証は、またＩＳＯの登録を維持する上でも重要である。

　他方、有効性の検証とは次の二つを確認することである：

① 現状を打破し事業改革を進めるために設定した目標を達成するための実行計画の進捗状況、その結果としての目標の達成状況が順調かどうか。
② 顧客満足度の向上のために計画した改善活動が、着実に成果を挙げ向上を実現しているかどうか。

　これらの一つひとつを多忙なトップが自分で確認するかわりに、トップが内部監査員を任命し内部監査員がトップに代わってそれらを確認・チェックし、その結果をトップへ報告する。任命を受けた内部監査員はトップの意を体してトップの視点でこれを確認する。

　監査結果の取りまとめは単に結果の集計に留めるのではなく、内部監査プログラム管理責任者が結果を総合的に分析・評価し、それを経営に役立つ情報にまとめてトップに提供する。これが、「トップの眼としての内部監査」に課されている役割である。

　内部監査がこの重大な役割を確実に果たすためには、適合性及び有効性の両面からの的確な検証ができる力量を持つ内部監査員が監査を担当することが不可欠である。内部監査員の選定に関し規格は、「自社要員、又は自社のために働くように外部から選んだ人によって実施することができる。」と定めている。

すなわち、社内に、内部監査員として十分な力量のある人材を見出せない場合、または、十分に力量のある人材が業務多忙で内部監査員に充てられないような場合には、外部の専門家に依頼することを認めている。

　内部監査員には５章で述べた内部監査プログラム管理責任者に準ずる幅広い経験と知識に基づく高い力量が必要となる。そのような力量を備えた要員を社内で見出すことが困難な場合を想定して、規格は、内部監査員の外部からの選定を許容している。信頼できる外部専門家を捜して活用することは内部監査の信頼性向上のために効果的である。

　ＩＳＯマネジメントシステムの監査のための指針としての規格、「ISO19011：品質及び/又は環境マネジメントシステム監査のための指針」は、「一連の監査を計画し、手配し、実施するために必要な活動の全て（コラム１７）を包含する『監査プログラム』の作成」を求めている。規格が意図している『監査プログラム』は、単なる年間監査スケジュールや個々の内部監査の時間割表ではない。

コラム１７：内部監査プログラムに包含すべき活動

○ 監査プログラムの目的
○ 監査プログラムの範囲及び程度
 －実施するそれぞれの監査の範囲

 －対象とする期間

 －実施する監査の頻度

 －監査を受ける活動数、重要性、複雑さ及び場所

 －規格、法規制、契約の要求事項、その他の基準

 －認定又は審査登録の必要性

 －これまでの監査結論又はこれまでの監査プログラムの
  レビュー結果

 －利害関係者の関心事項

 －組織又は事業の大幅な変更

○ 監査プログラム責任者及びその役割・責任・権限の
  決定
○ 監査プログラムに必要な資源の特定と確保
  －必要な財源

  －プログラムの範囲及び程度に合う内部監査を計画・
   準備・実施・報告できる監査員と監査チームリーダ
   ーの必要人数

  －監査員の力量を確保及び維持するプロセス

  －監査員のパフォーマンスを改善するプロセス

経営上の優先事項を反映した内部監査プログラム

　監査プログラムの作成に当たり、先ず、監査プログラムの管理責任者が、トップマネジメントとの間で以下の点を確認する：

① マネジメント方針に包含されている目的・目標を達成するために解決が必要な課題（複数）は何か
② 業務上の問題（顧客苦情、規制違反、不良品発生、など）を再発させないために解決が必要な課題（複数）は何か
③ マネジメントシステムの運用の定着度（システム理解度、責任・権限の自覚度、継続的改善の実績、実施記録内容の的確性、文書の見直し・改訂、リスクの認識・対応度、PDCA 管理サイクルの常用度、内部・外部コミュニケーションの実績、など）は、初級、中級、上級のどのレベルか。

　これらの確認事項に加えて以下の事項も考慮して「年間内部監査プログラムの目的」を設定する：

① 経営上の優先事項
② 商取引上の意図
③ マネジメントシステムの要求事項
④ 法令、規制、及び、契約上の要求事項
⑤ 供給者を評価することの必要性
⑥ 顧客要求事項
⑦ その他の利害関係者のニーズ
⑧ 組織に対するリスク

　規格 ISO19011 は、『監査プログラム』を策定、実行、管理するための権限をトップから付与された監査プログラム管理責任者の役割を、次のように明示している。

　① 　監査プログラムの目的及び範囲を設定する。

② 責任及び手順を確立し、並びに（監査プログラムの実施に必要な）資源が確実に提供されるようにする。
③ 監査プログラムが確実に実施されるようにする。

④ 適切な監査プログラムの記録が確実に維持されるようにする。
⑤ 監査プログラムを監視し、レビューし、及び（継続的に）改善する。

　これらの役割を果たすために監査プログラム管理責任者は、以下の事項を実施する。

○ 組織の経営戦略としての「マネジメント方針」の実現に関し、トップマネジメントの狙いを十分に理解し、そのニーズを反映した内部監査プログラムを作成する。また、
○ 内部監査員一人ひとりが、被監査部署との円滑なコミュニケーションを通して、トップの視点で業務の実態を観察し、上述した二つの検証活動を実施できる力量を確保する。
○ 各内部監査チームが実施した監査の結果を総合的にまとめ、解析・評価して経営の意思決定に役立つ「見える化された経営情報」にまで纏め上げ、それをトップマネジメントに分かり易い情報として提供する。

　このような重責を担う監査プログラムの管理責任者には、5章で記述したように、高い力量が求められる。トップは監査プログラム管理責任者の任命に当たって、これらの点に十分に配慮する必要がある。ビジネス、技術、マネジメントの各々について十分な理解力があり、また、経験に基づく十分な力量を有し、かつ、トップが十分に信頼できるエース級の人材を充てる必要がある。

　　内部監査プログラムの目的の例：

① システム定着度監査：認証登録後の更新審査前の時期などに、システム運用の定着度を把握する。
② システムグレードアップ監査：更新後さらなるにシステムの改善、グレードアップをはかる領域を見出す。
③ 成熟度監査：システムの成熟度（NOTE-1）がどの段階にあるのかを知る。

（NOTE-1）EMS/QMS の成熟度：経営環境の変化に対応できる柔軟性とスピードを持つシステム。そのためには、システムの意図しているところがいかに幅広い層に渡って理解され実行されているかが、重要なポイントになる。換言すれば、システムの浸透度が重要となる。プロセスオーナーのみの頑張りでもっているようなプロセス指標の監視だけではこの重要なポイントを見ることができない。

④マネジメントシステムに変更が出た場合に、変更後のマネジメントシステムのインテコリティー（欠落している要素がないこと）の確認をする。

⑤ 戦略プロセス特定監査：顧客満足を向上させるためのコアプロセスが何かを明確にし、戦略的に強化すべきプロセスを特定する。
⑥ 課題特定監査：経営目的・目標達成上の課題は何か、顧客苦情、リスク管理で解決しなければならない課題は何かを明確にする。
⑦ 特定顧客要求事項への適合監査：特定顧客からの第二者監査を控えて顧客要求事項への適合レベルを測定する。
⑧ 新規契約先（顧客）のQMS/EMS 等への適合監査：新規契約先の固有のQMS/EMS 等の要求事項への適合の検証をする。
⑨ 新規契約先（供給者、協力会社など）の自社QMS/EMS 等への適合状況を見るための第二者監査

強化したいプロセスを重視する内部監査プログラム

重視するプロセスごとにプロセスパフォーマンスを測る指標と
その目標値（又は、目標範囲）を決め、プロセスが適切に機能し
ているか否かを確認する

1）　事業改革推進プロセス

　　どのプロセスが経営戦略上重要かは、組織の置かれた状況によ
り様々に異なるであろう。マネジメント方針を実現するために
「重要なプロセス、又は、強化すべきプロセスが何か」 を明確に
する仕組みを確立できているか。また、その仕組みにより **「特定
されたプロセスが適切に機能しているか否か」** を見極める。

2）　新製品（又はニューサービス）立上げプロセス

　　新製品の開発と上市を効果的に実現できるかどうかは、このプロ
セスの成否に掛かっている。全組織を上げて取り組むべき課題であ
る。

　　　　　このプロセスに包含されるサブプロセスの例

- 市場分析プロセス
- 市場開拓プロセス
- 製品/サービスの開発・設計プロセス
- 製品製造/サービス提供　プロセス
- 見積りプロセス
- 購買プロセス
- 外注管理プロセス

3）マネジメントレビュー・プロセス

マネジメントシステムが組織のマネジメント方針に照らして、適切に、効果的に、妥当に機能して、改善の成果をもたらすか否かは、このプロセスのパフォーマンスに依存している。

<u>このプロセスに包含されるサブプロセスの例</u>

- 継続的改善プロセス
- 内部監査プロセス
- 資源/インフラ管理 プロセス
- コミュニケーション プロセス
- 財務/会計 プロセス

4) その他の支援プロセス

- 人材開発プロセス
- 品質保証/ 品質管理 プロセス
- クレーム処理 / 再発防止 プロセス

内部監査プログラムのシンプルな例を、参考5「内部監査プログラムの例」に示す。

まとめ

●内部監査員は、円滑なコミュニケーション能力を駆使して、ＩＳ
Ｏマネジメントシステムがトップの狙い通りに機能しているか否
かを、トップの視点で確認する。その結果を内部監査プログラム
管理責任者が集計・分析・評価し、経営の意思決定に役立つ情報
としてトップに提供する。これが内部監査に課せられた役割であ
る。

●マネジメント能力を含む広範で高い力量を要求される内部監査員
および内部監査プログラム管理責任者には、トップが十分に信頼
できる人材を充てる必要がある。組織内のみならず外部の専門家
に依頼することも規格は許容している。信頼できる外部専門家を
捜して活用することは内部監査の信頼性向上のために効果的であ
る。

【 参考資料 】

（参考1）ISO 9000 ファミリー規格

	規格名称
ISO 9000:2005 JIS 9000:2006	品質マネジメントシステム一基本及び用語
ISO/JIS Q 9001:2008	品質マネジメントシステム一要求事項
ISO 9004:2009	組織の持続的成功のための運営管理－品質マネジメントシステムアプローチ
ISO 0006:2003 JIS Q 10006:2004	品質マネジメントシステム一プロジェクトにおける品質マネジメントの指針
ISO 0002:2004 JIS 0002:2005	品質マネジメントシステム一顧客満足一組織における苦情対応のための指針
ISO 9011:2002 JIS 9011:2003	品質及び/又は環境マネジメントシステム監査のための指針
ISO/JIS Q 10019:2005	品質マネジメントシステムコンサルタントの選定及びそのサービスの利用のための指針

出所：日本規格協会　標準化調査研究・規格開発情報

（2009 年 11 月 15 日現在）から作成

(参考2) ISO 14000 ファミリー規格

規格番号	規格名称
ISO/JIS Q 14000:2004	環境マネジメントシステム要求事項及び利用の手引き
ISO/JIS Q 14004:2004	環境マネジメントシステム原則、システム及び支援技法の一般指針
ISO14015:2001 JIS Q14015 2002	環境マネジメントシステム一用地及び組織の環境マネジメント
ISO14021:1999 JIS Q14021:2000	環境ラベル及び宣言一自己宣言による環境主張（タイプⅡ環境ラベル表示）
ISO14024:1999 JIS Q14024:2000	環境ラベル及び宣言一タイプⅠ環境ラベル原則及び手続き
ISO140 25:2006 JIS Q14025:2008	環境ラベル及び宣言一タイプⅢ環境ラベル原則及び手続き
ISO14031:1999 JIS Q14031:2000	環境マネジメント一環境パフォーマンス評価一指針
ISO/TS14048:2002　TR Q0009:2004	環境マネジメント一ライフサイクルアセスメントデータ記述様式
ISO/TR 14049:2002 TR Q0004:2000	環境マネジメント一ライフサイクルアセスメント-目的及び調査範囲の設定並びにインベントリ分析の JIS Q14041 に関する適用例

TC207/WG3 TR Q0007-2008	環境適合設計
TC207/WG4 JIS Q14063-2007	環境コミュニケーション
TC207/WG7 JIS 化作業中	製品規格で環境課題を取り扱うための指針

出所：日本規格協会 標準化調査研究・規格開発情報（2009 年 5 月 25 日現在）から作成

（参考2）ISO 14000 ファミリー規格

（前ページからのつづき）

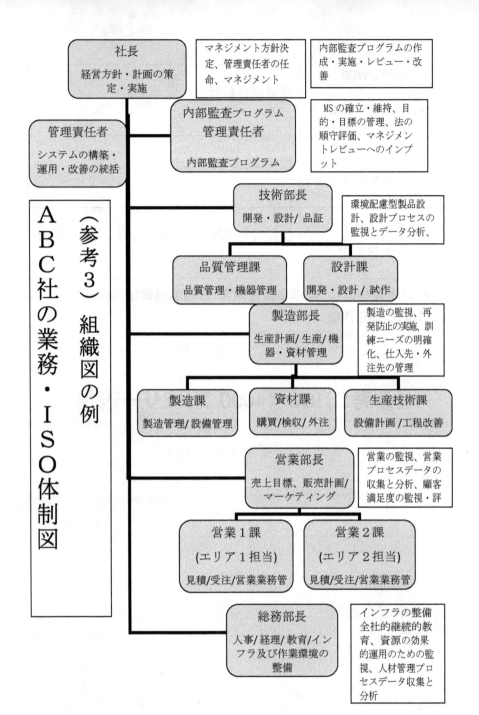

（参考３）　組織図の例

ＡＢＣ社の業務・ＩＳＯ体制図

社長
経営方針・計画の策定・実施

マネジメント方針決定、管理責任者の任命、マネジメント

内部監査プログラムの作成・実施・レビュー・改善

管理責任者
システムの構築・運用・改善の統括

内部監査プログラム管理責任者
内部監査プログラム

MS の確立・維持、目的・目標の管理、法の順守評価、マネジメントレビューへのインプット

技術部長
開発・設計/ 品証

環境配慮型製品設計、設計プロセスの監視とデータ分析、

品質管理課
品質管理・機器管理

設計課
開発・設計/ 試作

製造部長
生産計画/ 生産/ 機器・資材管理

製造の監視、再発防止の実施、訓練ニーズの明確化、仕入先・外注先の管理

製造課
製造管理/ 設備管理

資材課
購買/ 検収/ 外注

生産技術課
設備計画/ 工程改善

営業部長
売上目標、販売計画/ マーケティング

営業の監視、営業プロセスデータの収集と分析、顧客満足度の監視・評

営業１課
(エリア１担当)
見積/ 受注/ 営業業務管

営業２課
(エリア２担当)
見積/ 受注/ 営業業務管

総務部長
人事/ 経理/ 教育/ インフラ及び作業環境の整備

インフラの整備全社的継続的教育、資源の効果的運用のための監視、人材管理プロセスデータ収集と分析

（参考4）　部門目標実施計画展開シート（計画年度：2009年度　部門名：総務部）

部門目標	達成責任者	目標達成のための手段（活動内容）	スケジュール(H20.4～H21.3) 4月～3月
①廃棄物の発生量の削減 前年比50%削減	総務課 課長	1. 不良削減のQC活動 2. 端材の活用 3. リサイクル計画作成 4. 開梱ごみ削減への取組 他社事例調査 5. 廃棄物フリー製造 新モノ作りプロジェク	第1回完了(6月)／第2回完了(9月)／第3回完了(12月)／第4回完了(3月) 置き場の設置 切断法の改良 → 改良法実施 リサイクル実施者探し → リサイクル分別法確立 → リサイクル実施 購入先へ要望書 → 簡易包装受入法開始 設計改良 → 試作・総合調整 → 新製作法スタート
②CO2排出量の削減活動の全社展開	庶務課 長	1. CO2排出量算定方法の学習 2. CO2排出量目標の算定 3. 削減目標の設定 4. 削減プログラムの作成 5. 削減プログラムの実施	詳細な活動内容とスケジュールを上欄と同じように記入
③………			詳細な活動内容とスケジュールを上欄と同じように記入
部門長による計画の進捗状況および目標達成状況のチェック			I期達成率：①（%）②（%）③（%）（6月） II期累積達成率：①（%）②（%）③（%）（9月） III期累積達成率：①（%）②（%）③（%）（12月） 通期累積達成率：①（%）②（%）③（%）（3月）
アクションが必要な場合に部門長により取られたアクション内容			アクション：必要/不要　アクションの内容： （各期） 次年度へのアクション欄へ記入
部門長署名			
管理責任者署名			

115

（参考５）内部監査プログラムの例

－ＡＢＣ（株）２０１２年度内部監査プログラム－

１．目的：当社全部門において実施しているＩＳＯマネジメントシス
テムについて①ISO9001 及び ISO14001 の要求事項への適合の度合い及
び②システムの有効性を、定量的に評価する

２．対象範囲：２０１２年度内に全部門を対象に実施する一連の全内
部監査

３．期間：２０１２年１月～１２月

４．責任及び権限：社長は、本プログラムの策定・実施・報告に関す
る責任と権限を内部監査プログラム管理責任者（取締
役藤山太郎）に付与する。

５．監査実施数及びスケジュール：別表に示すスケジュールに従い全
４回の監査期間につき監査を実施する。各部門は最低１
回以上の監査を受ける。

６．手順：

①「内部監査プログラム実施手順」及び「内部監査プログラム
監視手順」を作成し、それに従いプログラムを実施また
実施状況を監視する。

②「内部監査プログラムのレビュー及び改善の手順」を作成し、
それに従いレビュー及び改善を実施する。

③現在使用中の「内部監査手順書」は、適合度合いの定量評価
及び有効性の定量評価の面より内容を見直し、その結果
に基づき改訂する。

７．報告：「内部監査プログラム実施手順」に従い２０１２年度内に
内部監査プログラム報告書をトップへ提出する。

８．資源：明確な基準の基づき十分な力量を有すると内部監査プログ
ラム管理責任者が認定した内部監査員及び監査チームリ
ーダーを５項の別紙スケジュールに従い手配する。力量
を有する員数が不足する場合は、外部専門家を利用する。

（参考6）フローシート式手順書の例（文書管理手順書）

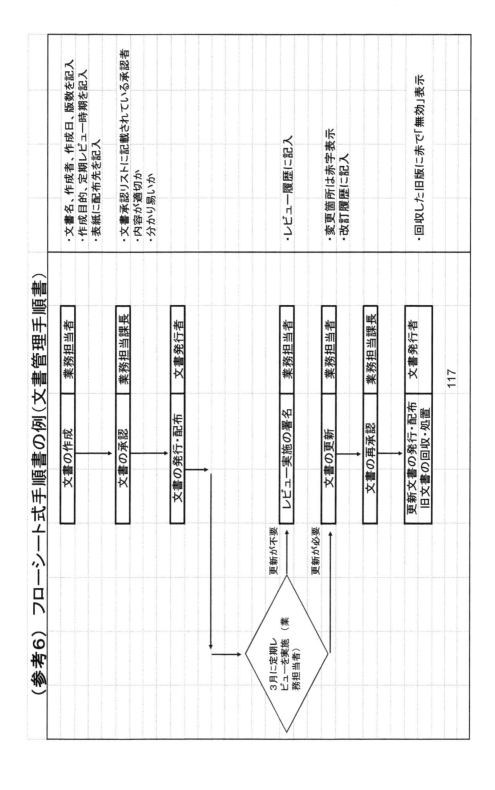

文書の作成	業務担当者	・文書名、作成者、作成日、版数を記入 ・作成目的、定期レビュー時期を記入 ・表紙に配布先を記入
文書の承認	業務担当課長	・文書承認リストに記載されている承認者 ・内容が適切か ・分かり易いか
文書の発行・配布	文書発行者	

3月に定期レビューを実施（業務担当者）

更新が不要 →
更新が必要 →

レビュー実施の署名	業務担当者	・レビュー履歴に記入
文書の更新	業務担当者	・変更箇所は赤字表示 ・改訂履歴に記入
文書の再承認	業務担当課長	
更新文書の発行・配布 旧文書の回収・処置	文書発行者	・回収した旧版に赤で「無効」表示

117

（参考７）「マネジメントレビューからのアウトプット」の例

アウトプット例－１：

第２四半期迄の実績値として、部門年度目標の90％以上を達成している製造部と技術部は、年度目標の内容を見直し、目標値を上方修正し、それにあわせた実行計画を作成実施すること。**（決定）** また、年度目標レベルを設定しまたは修正する仕組みをレビューしその結果を報告すること。（取り組みの指示）

アウトプット例—２：

環境配慮型製品の市場導入に関し、当社は同業２社の後塵を拝している。設計部員に必要な力量を示すスキルマップには、省エネ、省資源、リサイクル、低炭素など環境配慮設計に関連する力量項目が見当たらない。訓練ニーズの特定およびそれを受けて作成する訓練計画策定の仕組みを改善するための見直しを実施すること。（取り組みの指示）

アウトプット例—３：

委託加工部品の受け入れ検査の不良率の実績（一昨年度 0.18％、昨年度 0.15％）を受けて、今年度は更にこれを 0.12％にまで下げることを部門目標とする資材部の取り組みに関し、費用対効果の面より目標としての適切性を再検討するため、0.15％から 0.12％に下げることによって得られる当社の利益を評価しその結果を報告すること。（取り組みの指示）また、この面より、部門目標の設定、承認の仕組みを改善するための見直しを実施すること。（取り組みの指示）

アウトプット４例—：

当社では毎年2回の定期的内部監査をルール化し実施してきているが、昨今、新聞紙上等で同業他社工場での事故の報道が増えている。報道された事故に関連する当社内の業務に関し、臨時の内部監査を実施することを、内部監査の仕組みに組み入れるための検討を実施し結果を報告すること。（**取り組みの指示**）

（参考８） 持続的成功のための運用実績評価ツール

（ISO9004：2009 を参考にして筆者が作成）

ここで述べる評価ツールは、マネジメントシステムの運用状況とその結果についての企業自身による総合的かつ体系的な分析のためのツールである。企業はこの分析により自己の、①業務上のパフォーマンス（強み及び弱み）、及び②マネジメントシステムの成熟度、を知ることができる。また、その結果は、企業が必要とする改善及び/又は改革の領域とそのために取るべきアクションの優先順位を決めるための情報となる。企業はこれらの結果をＩＳＯのマネジメントレビューのためのインプット情報にするとよい。

１． 企業の成熟度モデル

　成熟した企業は、効果的で効率的な運用により以下に示す方法を通して持続的成功を達成する。

　　○利害関係者のニーズと期待を理解しそれを満たす
　　○企業内外の環境の変化を監視する
　　○可能な改善及び/又は改革の領域を特定する
　　○戦略と方針を明確にし、それを展開する
　　○業務のプロセス及び資源を管理する
　　○ 企業内の人々を信頼していることを人々に示し人々の動機、
　　　コミットメント及び参画が深まるように導く
　　○供給者及びその他のパートナーとの互恵関係を確立する

　　この評価ツールでは、５つの成熟度レベルを用いる。企業は成熟度レベル毎の基準と自社の業務パフォーマンスを照らし合わせて自社の現時点での成熟度を特定する；強み、弱みを明確にする。企業は成熟度レベルの基準の一部を自社で使いやすいように変更して用いてもよい。

２． 主要な要素に関する評価（評価表１～３）

　自社の活動の内容及び現時点の業務パフォーマンスレベルの概容を把握するために、この評価を定期的に実施する。

３．　詳細な要素に関する評価（評価表４〜１０）

　自社の活動の内容及び業務のパフォーマンスレベルを詳細に把握するために、各業務プロセスの評価を定期的に実施する。次の５つのプロセスを評価対象とする。

1) プロセスマネジメント
2) 監視・測定
3) 内部監査
4) 分析及びレビュー
5) 改善、及び、改革

４．　実績評価ツールの利用

　評価は以下のステップを段階的に実施する。

1) 評価の種類と適用範囲を決める。評価の種類は以下の二つまたは一つを選ぶ。適用範囲は次ページ以降に示す評価表の使用を限定的とすることにより定めてもよい。
　　○国際規格 ISO9004:2009 に基づく主要な要素に対する自己評価

　　○国際規格 ISO14001:2004 に基づく詳細な要素に対する自己評価

2) 評価責任者と評価実施の日時を決定する
3) 評価はチーム（構成メンバーを決める）で実施する
4) 企業内の個々のプロセスの成熟度レベルを次に示す方法で特定する。現在のプロセスの状況を、基準として定めたパフォーマンスと比較し該当するレベルにマーキングする。成熟レベル１からスタートし順次高いレベルへ進む。基準として定めた全てのパフォーマンスが達成されている成熟レベルを現在のレベルとする。
5) 評価結果をレポートにまとめる。できれば結果をグラフにする。
6) 現在のプロセスの状況を評価し、改善及び/又は改革の領域を特定する。特定結果をアクションプランへ展開する。

5．実績評価の結果に基づく改善及び/又は改革の計画

　評価結果は、トップマネジメントによる計画及びレビューのためのインプットとする。また改善及び/又は改革のためのアクションプランを作成し実施する。

　評価結果は、以下のように利用できる。

○　社内のプロセス間のパフォーマンスを比較する。またそれらの情報を社内で共有する
○　他社とのベンチマークをおこなう
○　定期的に評価を実施することによって、自社の経時的な改善・進捗状況を監視する
○　改善の領域を特定し優先順位を決定する

優先的に選定したアクションの一つひとつにはそれぞれ責任者を割り当て、また、必要な資源を提供する。アクションの実施により期待できる便益及びそれに関連するリスクを特定する。

評　価　表１：主要要素の定期評価（１／**3**）

対象エリア	成熟レベル				
	レベル1	レベル2	レベル3	レベル4	レベル5
トップは何を重視しているか	製品、株主、顧客に関する変化、問題、機会にはその都度対応	顧客及び法令・規制に関する変化、問題、機会に対応する仕組がある	社員を尊重し、関連する問題と機会に対応するプロセスを定めている	複数の利害関係者のニーズにバランスよく対応し又継続的改善を実現中	業界の最高のパフォーマンスを主要目標に設定している
社員の仕事への取組み姿勢	仕事は全般に受け身でトップダウンの指示に従っている	仕事は受け身で各階層のマネージャーの決定に従っている	仕事の裁量権が委譲されており前向きに仕事に取り組んでいる	意思決定には社員が深く関与して前向に仕事に取り組んでいる	仕事に対し積極的で学習意欲に満ち全階層の人々に権限がある
戦略及び方針の決定	決定は市場と他の情報源からの非公式なインプットに準拠	決定は顧客のニーズ及び期待に準拠	決定は戦略に基づき顧客のニーズ及び期待とリンクしている	決定は業務のニーズ及びプロセスの展開状況に準拠	決定は柔軟性、機敏性及びパフォーマンス維持のニーズに準拠
経営資源の管理	資源管理の決った方法はない	資源管理は効果的にできている	資源管理は効率的にできている	資源は不足部分を考慮して効率的に管理できている	資源管理は計画的かつ効率的であり利害関係者は満足している

（備　考）成熟度の評価はレベル１→レベル２→レベル３→レベル４→レベル５の順に進め、全対象エリアの記載事項全てが達成できていればそれを現在の成熟レベルとする。例えば、レベル１及びレベル２の対象エリアの記載事項全てが達成できておりレベル３の記載事項に未達のものが一つでもあればレベル２を現在の成熟レベルをする。

評　価　表２：主要要素の定期評価（２／３）

エリア＼対象	成　熟　レ　ベ　ル				
	レベル1	レベル2	レベル3	レベル4	レベル5
プロセス / 業務	業務は、作業指示通りに実施しているが体系化した手順はない	業務は、各部署が当社のマネジメントシステムに従い実施している	業務は、プロセスベースのマネジメントシステムの運用によっている	プロセスが作用し合いマネジメントシステムは効果的・効率的である	改革とベンチマーキングを推進し、新しい利害関係者のニーズにも対応
業務パフォーマンスの監視とフォローアップ	①財務、売上、生産性に関する指標を監視している ②達成度の予測はできていない ③再発防止はその都度その場限りで実施している	①顧客満足、主要プロセス、供給者のパフォーマンスを監視している ②是正・予防処置は体系的に実施している	①社員及びその他の利害関係者の満足度を監視している ②特定した利害関係者に関し予測通りの結果を達成している ③監視測定及び改善が定着している	①組織の戦略に係るKPI（重要業績指標）を監視している ②改善・改革を体系的な手段で実施中 ③持続的傾向がある積極的で予測通りの結果が得られる	①全てのプロセスのKPIをリアルタイムで監視し結果を関係者へ伝達 ②業界平均を上回るパフォーマンスを長期的に維持 ③組織全体で改善・改革を実施中

（備　考）成熟度の評価はレベル１→レベル２→レベル３→レベル４→レベル５の順に進め、全対象エリアの記載事項全てが達成できていればそれを現在の成熟レベルとする。例えば、レベル１及びレベル２の対象エリアの記載事項全てが達成できておりレベル３の記載事項に未達のものが一つでもあればレベル２を現在の成熟レベルをする。

評　価表３：主要要素の定期評価（３／３）

エリア	対象	成熟レベル				
		レベル1	レベル2	レベル3	レベル4	レベル5
改善の決定	改善の優先順位	優先順位は、不具合、苦情、及び損益の基準に基づき決定	優先順位は、顧客満足度のデータ又は是正/予防処置に基づいて決定	優先順位は、供給者、社員、及び特定の利害関係者のニーズに基づいて決定	優先順位は、社会的・環境的及び経済的な変化、並びに利害関係者からのその他の動向情報に基づいて決定	優先順位は、利害関係者からの新たな情報に基づき決定
	学習への取り組み	学習内容は個々の階層でバラバラに選定している	社内の成功例及び失敗例に基づく体系的な学習を実施している	体系的かつ社内全体で、共有された学習プロセスを実施している	継続的改善による組織強化の一環として全社員が学習し又その結果を共有する文化ができている	学習プロセスは関連する利害関係者と共有し、創造性と改革を促進している

（備　考）成熟度の評価はレベル１→レベル２→レベル３→レベル４
→レベル５の順に進め、全対象エリアの記載事項全てが達成でき
ていればそれを現在の成熟レベルとする。例えば、レベル１及び
レベル２の対象エリアの記載事項全てが達成できておりレベル３
の記載事項に未達のものが一つでもあればレベル２を現在の成熟
レベルをする。

評価　表４：「プロセスマネジメント」に関する定期評価

対象エリア	成熟レベル				
	レベル１	レベル２	レベル３	レベル４	レベル５
業務プロセスの計画と管理	①プロセスは、全社的なルールにより予め計画・管理されてはいない；その場限りの後追いの計画、管理となっている	①プロセス間の相互関係が定義され管理されている。②プロセスの有効性は、体系的に測定され、必要なアクションが取られている。	①プロセスの計画は戦略の展開と一体となっている。②重要な利害関係者のニーズと期待はプロセスの計画に入れられている。③プロセスの効率と有効性を見直している。	①スピード、柔軟性及び効率に関しプロセス改革の成果を示すことができる。②プロセスの計画では全ての利害関係者を考慮している。③プロセス間の対立を解決している。	①各プロセスのパフォーマンスは大手企業のそれと比較しその結果をプロセスの計画に反映している。②主要プロセスのパフォーマンスは業界平均以上である。
業務プロセスに関する責任と権限	プロセス毎の責任と権限が不明確ではない	プロセスの管理者（プロセスオーナー）に明確な責任と権限を与えている	プロセス間の対立を生じさせないためのルールがある	プロセスオーナーの力量は継続的に向上している。	学習内容はプロセスオーナーと利害関係者の間で共有されている。

（備考）成熟度の評価はレベル１→レベル２→レベル３→レベル４→レベル５の順に進め、全対象エリアの記載事項全てが達成できていればそれを現在の成熟レベルとする。例えば、レベル１及びレベル２の対象エリアの記載事項全てが達成できておりレベル３の記載事項に未達のものが一つでもあればレベル２を現在の成熟レベルをする。

評 価 表 5 ：「監視・測定プロセス」に関する定期評価

対象 エリア	成 熟 レ ベ ル				
	レベル 1	レベル 2	レベル 3	レベル 4	レベル 5
監視	①自社の環境を監視するためのプロセスが確立できていない。 ②製品の監視を時々実行している。 ③製品又は管理面の問題が発見されれば必要なアクションを取っている。	①監視プロセスを定期的に実施している。 ②顧客のニーズと期待を体系的に監視している。 ③予め定めた仕組みにより、法令と規制の要求事項の変化を追跡している	①監視プロセスの有効性を高めるための定期的に評価している。 ②主要な供給者からのフィードバックを計画的に収集している。 ③各プロセスの能力を監視している。④法令と規制の要求を追跡するプロセスは、効果的である。	①監視プロセスに基づき外部データとその結果を監視してその外部データと比較している。 ②経営資源に関する要求事項を体系的に及び経時的に評価している。③従業員及び顧客からのフィードバックは、専門家の調査により収集している。	①監視プロセスは信頼性のあるデータ及び傾向を提供している。②監視の焦点を資源の使用と開発の最適化、技術及び労働の状況に置いている。③組織のパフォーマンスに影響を及ぼす可能性のある変化を、計画的に監視している。

（備 考）成熟度の評価はレベル1→レベル2→レベル3→レベル4→レベル5の順に進め、全対象エリアの記載事項全てが達成できていればそれを現在の成熟レベルとする。例えば、レベル1及びレベル2の対象エリアの記載事項全てが達成できておりレベル3の記載事項全て項目に未達のものが一つでもあればレベル2を現在の成熟レベルをする。

評価表６：「KPI（重要評価指標）の監視」に関する定期評価

対象エリア	成　熟　レ　ベ　ル				
	レベル１	レベル２	レベル３	レベル４	レベル５
KPI（重要評価指標）	①基本的な指標（会計上の評価基準、納期の遅れ、顧客苦情の数と罰金額）が使われている。 ②データは常に信頼できる状況ではない。	①組織の戦略及び主要なプロセスに関し一連の指標を定義している。 ②指標はほとんど内部のデータに基づいている。 ③マネジメントの意思決定はマネジメントシステム及びKPIのレビューにより行なわれる。	①プロセスの目標はKPIに関連している。②成功の度合いは実践的な指標によって特定し追跡している。③マネジメントの意思決定は測定システムからの信頼性のあるデータによって適切に支援されている。	①KPIの達成状況を示すデータが入手可能である。 ②戦略及び目標の展開状況を監視している。 ③KPIは、傾向及び長期計画のために利用されている。	①KPIは傾向を予測し、戦略的な意思決定を下すために信頼性のある情報を提供するように選別し実施している。 ②リスク分析は、改善の優先順位を決めるためのツールとして実施されている。

（備　考）成熟度の評価はレベル１→レベル２→レベル３→レベル４→レベル５の順に進め、全対象エリアの記載事項全てが達成できていればそれを現在の成熟レベルとする。例えば、レベル１及びレベル２の対象エリアの記載事項全てが達成できておりレベル３の記載事項に未達のものが一つでもあればレベル２を現在の成熟レベルとする。

評価　表8：「分析及びレビュー」に関する定期評価

対象エリア	成熟レベル				
	レベル1	レベル2	レベル3	レベル4	レベル5
分析及びレビュー	経済的及び財務的な目標のみが、データ分析の対象となっている。 顧客の苦情に関し部分的には分析している。	プロセス間の相互作用を定義し管理している。 プロセスの有効性を、体系的に測定し、必要なアクションを取っている。	重要な利害関係者のニーズと期待は、プロセスの計画にインプットしている。 各プロセスの効率改善を示すことができる。 プロセスの効率と有効性をレビューしている。	新たな資源・材料・技術を評価するために分析プロセスを用いている。 分析プロセスの有効性はパートナーなど他所での分析結果と照合することにより強化している。 情報の分析結果に基づき重要な製品の特性及び付加価値を決めている。	自社に関連する政治、環境、社会、技術及びそれらの比較データを分析させている。 短期的及び長期的な目標達成に影響を与えるリスク及び機会を特定し分析している。 戦略及び方針の意思決定は計画的な手段で収集した情報に基づいている。

（備　考）成熟度の評価はレベル1→レベル2→レベル3→レベル4→レベル5の順に進め、全対象エリアの記載事項全てが達成できていればそれを現在の成熟レベルとする。例えば、レベル1及びレベル2の対象エリアの記載事項全てが達成できておりレベル3の記載事項に未達の記載事項が一つでもあればレベル2を現在の成熟レベルとする。

評 価　表 9 ：　「改善および改革」に関する定期評価 (1/2)

エリア 対象	成 熟 レ ベ ル				
	レベル1	レベル2	レベル3	レベル4	レベル5
改善	①改善活動は顧客苦情及び法的なトラブルに対し実施している。	①改善活動は是正処置及び予防処置とリンクして実施している。 ②組織は継続的改善のための教育訓練を提供している。	①製品と主要プロセスの改善を示せる。改善の焦点は戦略及び目標に向いている。②改善の成果を出したチーム及び個人を表彰。③継続的改善プロセスは複数の階層、供給者及びパートナーの全てに渡り機能している。	①改善プロセスから組織のパフォーマンスを強化している。②改善プロセスを体系的にレビューしている。③改善点、製品、組織構造、運用モデル及び組織のマネジメントシステムに適用している。	①同業他社平均を上回る改善の成果の証拠がある。②改善活動は供給者及びパートナーを含む全ての活動の中に組み込まれている③改善・改革の焦点を学習及び能力の向上等組織のパフォーマンスの改善に置いている。

(備考) 成熟度の評価はレベル1→レベル2→レベル3→レベル4→レベル5の順に進め、全対象エリアの記載事項全てが達成できていればそれを現在の成熟レベルとする。例えば、レベル1及びレベル2の対象エリアの記載事項全てが達成できておりレベル3の記載事項に未達のものが一つでもあればレベル2を現在の成熟レベルとする。

評　価　表１０：「改善および改革」に関する定期評価 **(2/2)**

エリア	対象	成　熟　レ　ベ　ル				
		レベル1	レベル2	レベル3	レベル4	レベル5
改革		①改革に関する計画が立っていない。 ②特定の目的に限定した新製品を導入している。	①改革活動は顧客のニーズと期待に関するデータに基づいている。	①新製品及び新しいプロセスの改革を計画するために、自社を取り巻く環境の変化を特定できる。	①改革の優先順位は緊急性、資源入手の可能状況と自社の戦略とのバランスによって決定している。 ②供給者及びパートナーが改革プロセスに従っている。③改革プロセスの有効性と効率を評価している。	①改革活動と共存する予防計画を作成し、特定されたリスクを回避又は軽減している。 ②改革は製品、プロセス、組織構造、運用モデル及び自社のマネジメントシステムに適用している。

（備　考）成熟度の評価はレベル１→レベル２→レベル３→レベル４→レベル５の順に進め、それぞれが達成できていればそれを現在の成熟レベルとする。例えば、レベル１及びレベル２の対象エリアの記載事項全てが達成できていればそれを現在の成熟レベルとする。レベル１及びレベル２の対象エリアの記載事項全てが達成できており、レベル３の記載事項に未達のものが一つでもあればレベル２を現在の成熟レベルとする。全対象エリアの記載事項全てが達成できていれば、全対象エリアの記載事項全てが達成できていれば、